丛书主编

王大明　刘兵　李斌

编委会成员

（按姓氏音序排列）

陈印政	柯遵科	李　斌
李思琪	刘　兵	刘思扬
曲德腾	施光玮	孙丽伟
万兆元	王　静	王大明
吴培熠	杨　枭	杨可鑫
云　霞	张桂枝	张前进

在理论与实验之间

不拘一格的物理大师

王大明 编

中原出版传媒集团
中原传媒股份公司

大象出版社
·郑州·

图书在版编目(CIP)数据

在理论与实验之间：不拘一格的物理大师 / 王大明编. — 郑州：大象出版社,2024.2
(中外科学家传记丛书 / 王大明,刘兵,李斌主编)
ISBN 978-7-5711-1913-3

Ⅰ.①在… Ⅱ.①王… Ⅲ.①物理学家-列传-世界 Ⅳ.①K816.11

中国国家版本馆 CIP 数据核字(2023)第 214510 号

中外科学家传记丛书
在理论与实验之间 不拘一格的物理大师
ZAI LILUN YU SHIYAN ZHIJIAN BUJUYIGE DE WULI DASHI
王大明 编

出 版 人	汪林中
项目策划	李光洁
项目统筹	成 艳 董罂华
责任编辑	董罂华
责任校对	李婧慧 张绍纳
装帧设计	王莉娟

出版发行	大象出版社(郑州市郑东新区祥盛街 27 号 邮政编码 450016)
	发行科 0371-63863551 总编室 0371-65597936
网 址	www.daxiang.cn
印 刷	河南瑞之光印刷股份有限公司
经 销	各地新华书店经销
开 本	890 mm×1240 mm 1/32
印 张	6.25
字 数	134 千字
版 次	2024 年 2 月第 1 版 2024 年 2 月第 1 次印刷
定 价	25.00 元

若发现印、装质量问题,影响阅读,请与承印厂联系调换。
印厂地址 武陟县产业集聚区东区(詹店镇)泰安路与昌平路交叉口
邮政编码 454950 电话 0371-63956290

总　序

马克思和恩格斯合写于19世纪40年代的《共产党宣言》中，曾有这样一段生动的描述："自然力的征服，机器的采用，化学在工业和农业中的应用，轮船的行驶，铁路的通行，电报的使用，整个整个大陆的开垦，河川的通航，仿佛用法术从地下呼唤出来的大量人口——过去哪一个世纪料想到在社会劳动里蕴藏有这样的生产力呢？"马克思和恩格斯说的那一切，还不过是19世纪的景况。到了21世纪的今天，随着核能、电子、生物、信息、人工智能等各种前人闻所未闻的科学技术的飞速发展，人类社会面貌进一步发生了翻天覆地的甚至马克思那个年代都无法想象的巨变。造成所有这一切改变的最根本原因，毫无疑问，就是科学技术。而几百年来，推动科学技术发展的直接力量，就是一大批科学家和技术专家。

中国是这几百年来世界科学技术革命和现代化的后知后觉者，从16世纪末期最初接触近代自然科学又浅尝辄止，到19世纪中期晚清时代坚船利炮威胁下的西学东渐，再到20世纪初期对"德先生"和"赛先生"的热切呼唤，经过几百年的尝试，特别是近几十年的努力，已逐渐赶上世界发展的潮流，甚至最近还有后来者居上的势头。例如，中国目前不但在经济总量上居于世界第二的地位，而且在科学研究的多个前沿领域也已经名列国际前茅。最可贵的是，中国已经形成了一支人数众多、质量上乘的科研队伍。

利用科学技术来推动社会经济的发展，中国已经尝到了巨大甜头，科学技术是第一生产力的观点深入人心。从政府到民间，大家普遍关心如何进一步落实科教兴国战略、推动创新促进发展，使中国在科技创新方面更具竞争优势，培养和造就出更多的科技创新人才，使中国在现代化道路上能走得更长远、更健康。

为实现上述目标，一方面需要提高专业科学研究队伍的水平，发扬理性思考、刻苦钻研、求真求实、勇于创新的科学精神；另一方面也需要增强和培育整个社会的公众科学素养，造就学科学、爱科学、支持创新、尊重人才的文化氛围。这套"中外科学家传记丛书"的编辑和出版，就是出于这样的考虑。

通过阅读和学习科学家传记，一是可以更深刻地理解科学家们特别是那些在重大历史转折关头做出了伟大贡献的科学家的科学思想和创新方法，二是可以更鲜活地了解到科学家们的科学精神和品格作风，三是可以从科学家们的各种成长经历中得到启发。

本丛书所收录的200多位中外著名科学家（个别其他学者）的传记，全部都来自中国科学院1979年创刊的《自然辩证法通讯》杂志。该杂志从创刊伊始就设立了一个科学家人物评传的固定栏目，迄今已逾四十年，先后刊登了200多篇古今中外科学家的传记，其中包括文艺复兴时期的欧洲科学家、远渡重洋将最初的西方近代科学知识带到中国的欧洲传教士，当然大部分都是现代科学家，例如数学领域的希尔伯特、哈代、陈省身、吴文俊等，物理学领域的玻尔、普朗克、薛定谔、海森伯、钱三强、束星北、王淦昌等，以及天文学、地学、生物学、计算机科学和若干工程领域的科学家。值得指出的是，这些传记文章的作者，大都是在相关领域学有专长的专家学者。例如：写过多篇数学家传记的胡作玄先生，是中国科学院原系统科学研究所的研究员；写过多篇物理学家传记的戈革先生，是中国石油大学的物理学教授；此外还有北京大学、清华大学、上海交通大学、中国科技大学等多所国内著名大学的教授，以及中国科学院、中国医学科学院和中国科技协会等研究机构的专家。所以，这些传记文章从专业和普及两个角度看，其数量之多、涉及领域之广、内容质量之上乘、可读性之强，在国内的中外科学家群体传记中都可以说是无出其右者。

考虑到读者对象的广泛性，本丛书对原刊物传记文章进行了重新整理编辑，主要集中在如下几个方面：一是在总体设计上，丛书共分30册，每册收录8篇人物传记；二是基本按照学科领域来划分各个分册；三是每分册中的人物大致参考历史顺序或学术地位来编排；四是为照顾阅读的连续性，将原刊物文章中的所有参考资料一律转移到每分册的最后，并增加人名对照表。

当前，中国正处在从制造大国向创造大国转变、急需更多科技创新和科技人才的重要历史时刻，希望本丛书的出版对于实现这个伟大目标有所裨益，也希望对广大青少年和其他读者的学习生活有所帮助。

目 录

001
维格纳　20世纪顶尖数学物理学家

025
伽莫夫　给人类带来新思想的人

049
豪特曼斯　传奇的德国科学家

063
弗里什　物理学界的能工巧匠

083
奈尔　科学家和科研-生产联合体带头人

107
钱德拉塞卡　与美偕行的科学巨匠

129
玻姆　探索量子物理实在性的智者

151
中村修二　从技术改造能手到诺贝尔物理学奖得主

178
参考资料

183
人名对照表

维格纳

20世纪顶尖数学物理学家

尤金·保罗·维格纳

(Eugene Paul Wigner, 1902—1995)

1995 年元旦，当 92 岁的尤金·维格纳[1]在普林斯顿去世时，中国国内甚至国际科学界似乎都没有什么反响。虽然他一生写下了 500 多篇论文和多本专著，并且获得 1963 年的诺贝尔物理学奖，但还是有许多物理学家和物理学史家对他很陌生。他们问，谁是维格纳？你能不能说出一些事情让我们想到他呢？就像他的同时代人海森堡和狄拉克那样，我们一下子就能说出前者是量子力学的创始人之一、测不准关系的首创者，而后者的思想更为深刻，没有他，真空理论（乃至一般反粒子）的预言不知要拖后多久。可维格纳呢？他在科学上的贡献似乎没有令人印象深刻的，实际上可能是因为他的科学工作相当繁杂吧。不过我还是可以讲出几项：

　　1. 华裔科学家首次荣获诺贝尔奖的是李政道和杨振宁，他们在 1957 年得到诺贝尔物理学奖是因为他们发现弱相互作用之下宇称不守恒。不管你知不知道什么是宇称，可是宇称这个概念就是由维格纳首先提出的，而这只是他把对称性和群概念引入物理学的庞大计划的一个组成部分。

---

[1] 一译威格纳，匈牙利名为 Jeuo Pal Wigner，注意特别要和大陆漂移学说的倡导者、德国地质学家 Alfred Lolhar Wegeoor（1880—1930）相区别，后者通译为威格纳或魏格纳。

2. 是谁启动了美国的原子弹计划？想必大多数人会说是爱因斯坦给当时美国总统罗斯福写了一封著名的信，可是谁推动爱因斯坦写信呢？一位是西拉德，另一位就是维格纳。这两位匈牙利犹太人才真正是原子弹计划的最早推动者，而且他们的影响远不止于此，他们和另外两位匈牙利犹太人、鼎鼎大名的冯·诺伊曼和泰勒真正为美国的原子弹和氢弹的制造作出决定性的贡献。仔细看一下历史，就会知道美国人的核弹计划主要是靠欧洲流亡的一二十位精英，而这四位在其中起着不可磨灭的作用。

3. "数学的不可思议的有效性"，也许很多人从来没听说过这种说法，这是维格纳的一篇文章的题目，这篇文章在数学界可以说是无人不知、无人不晓，而且这种提法也频频地被人引用。数学物理关系密切早已是老生常谈，可是在牛顿和麦克斯韦之后，很少有人既是物理学家又是数学家，因为到19世纪，它们的研究对象、方式与方向已大不相同，数学已走上自己独立发展的道路。可是抽象数学发展几十年后甚至百年之后，物理学家发现它正好是自己所需要的工具。这种有效性的确有点"不可思议"。而维格纳的确最早发掘出这种有效性，而后来的历史又不断反复证明了这一点。

维格纳被称为是20世纪顶尖的数学物理学家，也就是说，他首先是位物理学家。

一、奥匈帝国的犹太天才

尽管科学社会学的研究强调社会对科学发展的作用，可是从一个小地方一下子冒出许多科学天才还是让人觉得有点困惑。本文的主人公出生在 20 世纪末的奥匈帝国。"奥匈帝国"这个名词在 19 世纪末的欧洲文艺界颇为流行,尤其是在维也纳,那种回光返照的气氛笼罩着整个哈布斯堡王朝的统治。

现在无论是奥地利还是匈牙利,都不能算大国,可是在 100 多年前,奥匈帝国可是欧洲的甚至也是世界的超级大国。从人口上讲,名列俄国和德国之后;从经济上说,居英国、法国、德国之后,而在俄国之前。它统治的总人口并非寥寥无几的几个民族,而是包括乌克兰人、波兰人、捷克人、斯洛伐克人、塞尔维亚人、斯洛文尼亚人、克罗地亚人、罗马尼亚人和意大利人等,但只有匈牙利人在这个二元帝国中可以和占统治地位的日耳曼(德意志)人平起平坐。在皇位上的是老迈昏庸的弗朗茨-约瑟夫一世(1830—1916),他 1848—1916 年在位,在位近 70 年,超过清朝的康熙和乾隆。人们也许不知道这个老皇帝,可是多数人大概率会知道他的皇后,美丽且有高度文化教养的茜茜公主[1]。在这个死气沉沉的国度里,也许只有小约翰·施特劳斯的圆舞曲能使它略有生气,而科学技术则远远落后于近邻德意志帝国。虽然我们必须提到马赫和玻耳兹曼这两位大师。没想到,在两次世界大战之间,奥地利居然成为欧洲的思想中心之一。我们只需提一下维也纳学派和弗洛伊德、维特根斯坦、哥德尔、泡利、薛定谔等人的名字就够了。显然当时的文化环境以及教育的进步和经济的发展不无关系。

---

[1] Sisy,不应该译成茜茜公主。她全名是伊丽莎白·阿玛莉·欧根妮,1837 年出生,是巴伐利亚女公爵。1854 年 17 岁时成为奥匈帝国皇后。她致力于奥地利与匈牙利和解,后来(1898 年)不幸被暗杀。

比起奥地利，农业国匈牙利当然就更为落后了。1900年左右，其95%的人口住在农村和小集镇。但在工业经济发展的大潮中，城市人口迅速增加，特别是首都布达佩斯。在匈牙利的经济振兴中，起重要作用的是犹太移民。虽然当时整个奥匈帝国反犹风气十分盛行，但是比起东欧特别是沙俄来，犹太人的处境显然更好一些。据冯·诺伊曼讲，匈牙利的犹太移民，也就是他们这批精英的祖辈，都来自波兰、捷克斯洛伐克、匈牙利交界的喀尔巴阡山地区，他们在工业化的过程中大显身手，多瑙河左岸佩斯城的郊区，钢铁厂、纺织厂、皮革厂等一个接一个拔地而起，总数并不算多的犹太人占到了布达佩斯居民人口的一半。世纪之交，随着犹太人经济地位的提高，他们的社会地位也相应提高，少数人甚至被奥地利皇帝兼匈牙利国王弗朗茨－约瑟夫一世封为贵族。这无疑是对犹太人贡献的肯定。不过犹太人在文化上更认同于德意志。他们虽然生活在匈牙利，子女受教育还是要到德国去。维格纳就是在这种特殊的文化氛围中成长起来的，这就形成了社会史家所说的匈牙利现象。在这么短的时期，在这么少数的犹太人当中，居然出现一大批犹太精英。除上文已经提到的冯·诺伊曼、维格纳、泰勒和西拉德之外，还有现代航天之父冯·卡门和全息摄影术的创始人、诺贝尔物理学奖获得者加博尔等，他们大多都有相似的经历，出生于中上层犹太家庭，父母关注子女教育，在学校和社会中得到很好的培养，到德国上大学，最后到美国工作，完成其一生的伟大事业。维格纳就是其中一个典型。

维格纳1902年11月17日生于布达佩斯，父母都是犹太人。维格纳的父亲是布达佩斯的大型鞣制皮革的工厂总经理，是一个严肃的、不苟言笑的人。他从来不谈个人的事情，也不回答没必要回答的问题，之所以这样，与他的经历有关。维格纳的父亲名叫安塔尔，安塔尔在2岁时就失去了父亲，母亲把他带到布达佩斯。由于母亲认识当时匈牙利第二大皮革厂——毛特纳兄弟皮革厂的老板，他很小的时候就被送到工厂里做童工。白天做工，晚上上夜校学习，小小年纪就懂得要规规矩矩、一丝不苟地工作，否则他们就无法生存。16岁时，母亲也离他而去，他完完全全无依无靠，只能自食其力养活自己。曾经的上大学、学物理、当科学家的梦想也只能放弃。他辛勤工作，一步一步得到提升，最后成为管理400名雇员的总经理。显然，他极其认真负责的工作态度影响了维格纳。维格纳自然对这位严父怀着一种敬畏心理，而且希望满足父亲希望他子继父业学习皮革工业的期望。尽管维格纳从小就立志当科学家，可是他在决定自己一生的事业时，总觉得必须得到父亲的同意。不过这位父亲明智的决定，最终还是把自己一家拯救了出来。1928年父亲同意维格纳从化学工程转行学物理，最终使得他们全家在1939年移居美国，没有成为希特勒屠杀600万犹太人中50万匈牙利犹太人中的一员。

维格纳深深爱着他的母亲。她操持家务，把家收拾得井井有条。维格纳是家中唯一的儿子，上有比他大三岁的姐姐贝尔塔，下有比他小两岁的妹妹玛吉。他与家庭的关系十分亲密。贝尔塔20岁时辍学结婚，而玛吉在离婚之后，经过维格纳介绍，认识了狄拉克，他们相爱并于1934年结婚，所以维格纳应算是狄拉克的大舅哥。

维格纳从5岁到10岁在家里接受初等教育，请家教教读、写、算。他上中学的时候，奥匈帝国乃至欧洲正经历一场翻天覆地的大动荡。1914年6月，奥地利王储在萨拉热窝被刺，成为第一次世界大战的导火线。1916年老皇帝去世，他的侄孙卡尔继位，想停战但没有成功，奥匈帝国于1918年11月战败，最后完全解体，匈牙利独立建立了共和国。俄国十月革命成功后，1919年3月贝拉·库恩（1886—1937）在匈牙利建立了苏维埃政权，但不久失败。1919年11月，政治强人霍尔蒂在匈牙利建立起长达20多年的统治。在贝拉·库恩革命成功以后，维格纳的父亲在皮革厂的工作就干不下去了，他带着全家逃往奥地利，这事对他们的政治态度显然有影响。

维格纳于1920年中学毕业后，因不能继续学他所感兴趣的数学、物理，以及和同学一起切磋学业，感到非常失望。他想当科学家，父亲问他在匈牙利哪儿有物理学家的职位，他只能举出三所大学，而且完全没有把握能得到它。最后维格纳做出明智的选择，进入了布达佩斯技术大学学习化学工程，准备将来子继父业，继续从事皮革行当。不久，全家到柏林去旅游，留下美好印象。维格纳的父亲由此做出了完全错误的判断，认为在经历战争革命与反革命风风雨雨之后，也许德国对于犹太人是最安全的地方，维格纳因此转学到柏林。当时的技术学院有两家最著名，一家在瑞士苏黎世，一家在柏林。冯·诺伊曼去的是苏黎世，但是维格纳的父亲说，苏黎世的技术学院太有点异国情调，而且对于大学生来说也太贵了，于是决定转学柏林。

1921年，18岁的维格纳第一次远离家乡到近900公里之外的柏林学习化学工程，他上的是柏林技术学院，主要学习科目是化学及其应用。与冯·诺伊曼不同，他主要时间还是用来听课和在实验室里做无机化学实验，用维格纳的话来讲，"我喜爱无机化学，而且比现在许多化学家更通晓它。……我喜欢它因为我喜欢事实"。尽管如此，对于当时理论物理学中心的柏林，他决不能像通常化学家那样无动于衷。在柏林大学和威廉皇帝科学研究院中集中了当时的精英，爱因斯坦、普朗克、能斯特、冯·劳厄等大师都在那里积极活动，他也忙里偷闲挤出时间去参加活动，包括参加爱因斯坦的统计力学讨论班。在柏林，他先后结识匈牙利同乡西拉德和泰勒。

当然他主要还是学化学。1924年春，他在化学家马克的指导下写论文《斜方硫的晶体结构》而得到工程师文凭。其后，他就开始做博士论文，在波兰尼的指导下，他写了论文《分子的构成和分解》，讨论化学反应速率和分子的构成。其中用到量子理论，并且以某种曲折意涵的方式涉及了测不准原理。最后在1925年获得工程博士学位。

一拿到博士学位，他就回到布达佩斯，而且在毛特纳兄弟皮革厂工作。这完成了父亲的一桩心愿，也填补了父亲知识上的空缺。维格纳喜欢布达佩斯的平静生活，也不讨厌皮革厂的工作，但是，他对物理的兴趣并没有因此而减弱。但在布达佩斯，他只能订阅当时最权威的杂志《物理学杂志》，浏览其中的论文。正好看到海森堡、玻恩以及约尔当等开创量子力学的著名论文。他无法同别人交流，最多只能同皮革厂中一些学物理化学出身的人谈谈。他越来越感到这远远不够。他想成为一名物理学家，可是对于一位受过专业训练的化学工程师来讲，其间的距离有多大啊！

这时，一件偶然事件改变了他一生的命运。1926年，他收到一位陌生人的来信，原来是威廉皇帝科学研究院的一位结晶学家魏森伯格邀请他到柏林去当助手，这对于一心想转行的维格纳真可以说是大喜过望。不过，他还得沉住气，听听父亲的意见。他尽量掩饰他那种想要离开皮革化工厂、离开布达佩斯，奔向柏林，走向物理学的光辉前程的无比激动的心情。尽管他父亲明明知道这将会使他对儿子子承父业的梦想走向破灭，但还是同意了他接受邀请去柏林。不过他希望维格纳有时间还应回到皮革厂看看，不要让自己的梦想彻底破灭，但他也隐约感到儿子恐怕永远也不会重操皮革旧业了。对维格纳而言，则是借此机会实现了自己走向现代物理学光辉大道的理想。

24岁的年轻人真诚地发誓要从此把物理学当成自己的终身职业。虽然薪水少得可怜，每月450马克，除了吃饭、交房租就所剩无几，不过他很满足。

二、躬逢科学盛世

谁都知道，1925年是不平凡的一年，这一年量子力学正式诞生了。创造量子力学的是和维格纳几乎同龄的海森堡、约尔当，以及年龄略大但辈分靠前的玻恩和薛定谔。创造量子力学的中心无可争议的是德国小城哥廷根，也许还应该加上柏林。

现在，维格纳回到了柏林。第一年的职业是助教，即结晶学家魏森伯格的助教，由此他开始从头学习结晶学。在这方面，他再一次很走运。很长一段时间里，结晶学并不是物理学的一个分支，而是矿物学的分支，大多数物理学家不懂结晶学，也不了解在19世纪末之前几何结晶学的伟大进展，特别是利用数学中的群来分类结晶体的有效方法，没有人知道群和结晶学在物理学中的意义。

群论纯粹是数学家头脑中的产物，在维格纳等人把它用来切切实实去解决物理问题之前，数学家早已把它翻来覆去研究了100多年。

"群"是现代数学中出现最早、应用最广的抽象概念。事实上，在所有古代文明中，都可以发现"对称性"观念，还可以看到正多边形和正多面体的图形。可是在数学中产生群的观念萌芽，还是19世纪初的事情。法国天才数学家伽罗瓦引进了置换群的观念，直到19世纪中叶才被公之于世。1854年凯莱（1821—1895）首次提出抽象群的概念，把群从具体的对象（如数，置换）中解放出来。其后克莱因发表了著名的爱尔兰根纲领，用变换群的观念把几何学统一起来。索菲斯·李（1842—1899）引进了连续群——李群，例如物理学中常用的旋转群 SO（3）就是其中的一个。后来弗洛宾纽斯研究抽象群和它们的具体实现——群表示论，给群论的发展和应用以巨大的推动，群论成为一个独立的学科。赫尔曼·外尔在《半个世纪的数学》中讲道：

群的概念……已经扩展到整个数学当中，没有群就不可能理解现代数学。

可是除结晶学家之外，物理学家对这个抽象的概念可以说毫无所知。维格纳从对称性入手，很快就进入了量子物理的核心，用群论来分类原子光谱，他的工具是群表示论，而表示论是他的好友冯·诺伊曼告诉他的。两人后来还合作论文，应用群论于原子物理，这样把原子结构的主要信息来源——原子光谱的特征、波长、强度、多重态等性质通过群的表示建立在严格基础上，并由此自然地推出谱线的许多经验规则和公式，这是维格纳一到柏林就开始的大创造。可以想象，如果走老路，一个新手至少也要等上三年五载，才能写出点小文章，可是维格纳却一发而不可收，论文一篇接着一篇，许多文章都预示着后来的发展。为了使这些早期工作让物理学家更容易接受，他在西拉德的劝说下用德文写了一本书《群论及其在原子光谱的量子力学中的应用》，于 1931 年出版，长期以来，这本书一直是一部经典著作。此书到 1959 年才译成英文，添加了两三章特别是时间反演和拉卡公式，这些都在他后来的工作中有所反映。维格纳把群论应用于原子光谱后不久，很快就推广到分子光谱，先是双原子分子，后是多原子分子，由此开创了一个新领域。

1928 年他进一步得出对称性、不变性与守恒定律之间的密切关系。实际上，早在 10 年前，德国著名女数学家诺特已经在数学上证明了这个定理，而维格纳则对其物理上的意义有更为具体的理解。

维格纳另一项成就是同约尔当一起引进二次量子化的技术,这对于后来核物理及场论有重要应用。

虽然他的群论比起数学家外尔的更具体,更容易为物理学家所接受,可是在他提出此学说的十几年时间内,物理学家反应仍十分冷淡。

如果说物理学家在接受新物理学概念方面还比较激进的话,在接受新数学概念方面则显得颇为保守。例如薛定谔认为物理学家在 5 年之内不会理会群论,他们当中一些人甚至流行着一种反群论的观点,把当时的群论说成是"群的瘟疫"(Gruppenpest)。在 1936 年出版的康顿等人所著的《原子光谱》一书的序言中,居然骄傲地宣称:虽然群论被认为是研究原子光谱的重要工具,但是本书则完全不予采用。

但是,谁又能阻挡历史车轮前进呢!以前零散的量子数、自旋、选择定则等现在都在群论的大旗下得到统一解释。而且,对称性在开创新领域方面显示出前所未有的威力,它能发现和应用许多对称性质,强相互作用的同位旋没有群论就无法很好地描述。而量子力学由于它的线性性和叠加性更使群论成为必不可少的工具。在事实面前,保守派的命运是可想而知的。而维格纳正是高举对称性和群论的大旗,在物理学史上留下他的不朽业绩。

1927 年维格纳被邀请去哥廷根当数学家希尔伯特的助手。从 1910 年起,希尔伯特的兴趣转回物理学,当然也时时关注着数学基础的论战。不过对于物理学他并不在行,可是他非常有兴趣,尤其是对新出现的量子力学。

当维格纳到达哥廷根时，希尔伯特得了恶性贫血，所以他不像希尔伯特以前的学生同这位大师能有密切接触，维格纳同他只有很少的几次会见（维格纳说不超过 5 次）。不过，维格纳在这个数学－物理学的中心却如鱼得水，交了不少朋友，特别是认识仰慕已久的玻恩。玻恩为人极好，大家都喜欢他，维格纳当然也不例外。他还认识了实验物理学家弗兰克（1882—1964）。年轻人当中他结识了约尔当，并合作发表关于泡利不相容原理的论文，这在量子场论的历史上是极为重要的。论文的物理思想来自约尔当，但数学证明是维格纳的。维格纳的对称性想法给约尔当留下深刻印象，当然这对维格纳来讲是小菜一碟，这也从另一方面看出维格纳的"法宝"对于当时的物理学家有多神秘。约尔当还同维格纳合作试图写下相对论的电子方程，同许多其他尝试者一样，他们没有成功。有一天，玻恩给约尔当看他收到的英国年轻人狄拉克的信，后来他对维格纳说：

那真是一个奇妙的方程，遗憾的是我们没有发现它，不过还好，它已经被找到了。

在哥廷根待了一年之后，1928 年秋，维格纳回到柏林，被任命为柏林技术学院的讲师[1]，1930 年取得"非在编副教授"[2]的头衔。正

---

[1] 德文是 Privatdozent。

[2] 德文是 nicht beamtlicher ausserordenliche Professor。

好在他事业的顶峰时期，大西洋彼岸的召唤再一次改变了这位匈牙利犹太人的命运。

三、新世界的第一批科学移民

1929年秋，第一次世界大战后动乱的阴影已经过去，德国正处于魏玛共和国的黄金时代。维格纳身处德国，同时欧洲也是世界的物理学中心，躬逢盛世，乐得其所，谁又能想到不几年就风云突变呢？命运之神再一次向维格纳招手。1929年10月底，维格纳收到来自美国普林斯顿大学的电报，邀请他在1930年春去工作半年。当时普林斯顿大学的学术水平不能与它后来的情况相比，当时美国与欧洲的物理学仍有一定差距。唯一有吸引力的地方是薪水大大提高，至少是他在柏林工资的六七倍。冯·诺伊曼也得到同样的邀请。

这完全是一次偶然的机会。普林斯顿大学利用资助给托马斯·琼斯数学物理学教授席位的捐款收入设置两个临时的位置。大数学家外尔1928年就任这个席位，待了一年就返回欧洲。在荷兰物理学家埃伦费斯特的推荐下，这个任命落在维格纳的头上。

1930年春，他到了普林斯顿大学。他绝没有想到其后55年，他与普林斯顿大学竟结下不解之缘。正如某物理学家所说："你不能想象没有维格纳的普林斯顿，也不能想象没有普林斯顿的维格纳。"不过此是后话。维格纳一到普林斯顿大学，就接受了以后五年每年来半个学年（一个学期）的安排。同时也和柏林技术学院约定另外半个学年在柏林工作。而每年两三个月的假期则回到匈牙利和他父母在一起。

没两三年，这个美妙安排就被击得粉碎。1933年1月希特勒上台，很快他在柏林的工作就丢了，但走运的地方马上就显示出来，普林斯顿大学立刻把他的工作由半年改成全年，职务仍是访问讲师，合同到1935年满期。

1935年同普林斯顿大学的合同满期之后，普林斯顿大学继续聘他三年任数学物理访问教授，他虽然得到晋升，可是职务是临时性的，以后还得续约。这位和蔼可亲的绅士感到自己受到了不公正待遇，感到极其愤怒和失望，他没有认真考虑，在大萧条时代，美国人找工作都不太容易，何况他这"外来户"呢。他觉得普林斯顿大学怠慢他，于是又到别处去找工作。在他的一位合作者布赖特的帮助下，威斯康星大学提供他一个永久性职务，他接受了。

维格纳在威斯康星大学所在的麦迪逊生活得十分愉快，物理系的同事对他都很友好，对他的工作十分感兴趣，他的高产时期并没有因迁居而受到任何影响。

他在麦迪逊结识了物理系的一位女学生弗朗克，他们相爱并于1936年年底结婚。婚后不久，弗朗克却因心脏病而突然去世，这给他很大打击，也许这件事使他再次返回普林斯顿大学。

按部就班的官僚主义和文牍主义哪里都有，普林斯顿大学把虚席以待的琼斯物理学教授职位提供给美国物理学家范·弗莱克（1899—1980），恰巧他刚刚接受哈佛大学的任命，便推辞掉并且推荐维格纳。最后普林斯顿大学决定任命维格纳这个终身教授席位，从1938年秋天开始，维格纳接受了。

在普林斯顿大学首要的任务是教书，维格纳是位极好的教师，在这方面，他的老师拉兹和波兰尼是他的模范。一开始，他在两方面感到困难，一是他的英语仍然不太行，二是美国大学生的物理水平太低。虽然普林斯顿大学的学生已是优秀的，可是他还得像教小孩那样教他们本来该会的东西，在这方面，天才当然有点吃亏。不过，他指导起好的博士生来，就如鱼得水。美国20世纪30年代起一批土生土长的尖子就这样成长起来，他们完全不是靠留学欧洲而达到物理学前沿的，在这方面，欧洲来的科学家充当了最好的教练。令维格纳感到非常欣慰的是，从20世纪30年代初他刚开始美国的教授生涯，就碰上了顶尖的博士生。他指导的第一个博士生是1934年获博士学位的赛兹，他后来成为固体物理学大家，曾任美国国家科学院院长。他在20世纪30年代初同维格纳合作写了几篇论文，把量子力学应用于金属物理。

1936年维格纳的另一位取得博士学位的物理学家更不得了，这就是两次获得诺贝尔物理学奖的巴丁（1908—1991），巴丁在半导体、晶体管和超导理论方面的工作是众所周知的。

他的第三个博士生赫灵也很出色，是一位应用物理学家，在贝尔实验室工作达30年之久。

其后他总共培养了40多位博士，大都非常出色，他们都很称道维格纳的教学和人品，他总是非常慷慨地把自己的想法告诉学生，同他们一起讨论，密切合作，而且有时在发表论文时不署自己的名字。

培养优秀人才是维格纳对于普林斯顿大学，也是对美国物理学界的一大贡献。从这时起，普林斯顿也逐渐取代柏林和哥廷根，成为世界物理学中心。特别是普林斯顿高等研究院于1933年成立之后，请来爱因斯坦、外尔和冯·诺伊曼，普林斯顿活跃的学术气氛影响了一代又一代的物理学家和数学家。

四、震撼世界的核科学

虽然现在大多数人都同意我们处于微电子革命时代或信息社会，但是，几年之前社会对科学技术的关注主要还是来源于"核"，更具体来讲，来源于原子弹。那时只有原子弹，更准确地讲，核弹才是人类生存、人类文明的真正威胁，对于核战争的恐惧是许多普通人谈论的主题。正是通过"核"，科学真正成为震撼世界的力量。

很长一段时间里，"核"这个词并不普及，它常用"原子"一词来表示，例如原子弹、原子能、原子科学家等，这种说法一直到现在还在使用，美国的原子能委员会和著名的探讨科学与社会关系的杂志《原子科学家公报》[1]名称依旧。当然，在许多场合，特别是物理学中，核物理和原子物理可以说是分得清清楚楚的两个完全不同的专业。不过这种混淆还是有它们深刻的历史根源。

在100多年前的1896年，法国物理学家贝克勒尔发现了天然放射性，预示着物质的终极不可再分的颗粒——原子并非绝对不可再分。换言之，原子也有结构。按说这应该是核物理学的开端。可是，10多年之后，大家才公认，原子是由极小的带正电的原子核和外围的电子构成。但是，只知道核的存在还不够，还不能形成物理

---

1 即 *Bulletin of the Atomic Scientists*。

学的一个研究分支，还必须对核做点什么。直到 1932 年发现了中子，并且确认所有原子核都是由质子和中子组成之后，核物理才成为一门独立学科。其后六七年间，对于核物理的研究形成了一个小小的高潮。

核现象从它一开始，也就是放射性的发现，就不同于以往任何物理学（和化学）分支。在 1896 年之前，人们完全不知道任何核现象，它不像力学、热学、声学、电学、磁学和光学这些物理学科，多多少少在古代已经以不同的方式研究和探讨过。而核物理的发展完全是处在瞎子摸象的过程。

核的组成确定之后，一批新问题马上提出来：质子和中子是靠什么结合在一起的？它们是怎样结合的？这是核力和核结构的问题。当然核反应也是核物理的主要问题。在实验方面，用各种粒子对核进行轰击以及核谱和各种参数的测定是我们认识核的主要手段。这样自然要求理论方面齐头并进，因此，从 1932 年起，我们的主人公维格纳就向这全新领域进军了。

1932 年他已经深入地探索这些全新的、令人困惑的难题。质子和中子靠引力和电磁力是无法结合在 10^{-13} 厘米如此之小的范围之内的。他发现氘（重氢）与 α 粒子（氦核）结合能相差极大，因此，他得出质子和中子之间的作用力是一种极强的、短程的吸引力，还断言核力与电荷无关，而且以此解释重核的核结合能与质量数 A 成正比。

维格纳作为一个群论专家，当然在核结构方面可以大显身手，用类似于讨论原子光谱的思路，他和他的合作者不难计算核的基态能，他们一直计算到 ^{40}Ca。他的模型用的群是 SU（4），这个群对于轻核（A ≤ 40）适用，但是对于更重的核不适用，后来就被放弃了。但他用群论来研究的方法一直为其他人所继续沿用，特别是二战以后发展起来核的壳层模型。1948 年到 1949 年，德国物理学家约翰内斯·延森和移居美国的德国女物理学家玛丽·格佩特 – 迈尔独立提出壳层模型，解释了核的稳定性、幻数等重要事实。为此，他们两人分享 1963 年诺贝尔物理学奖的另一部分。

维格纳在核反应的研究方面也取得了巨大成果，特别是著名的布赖特 – 维格纳公式。在这项研究中，他们与玻尔独立地提出核反应的共振模型，也就是假定入射粒子与靶核形成复合核。二战之后，维格纳又回到这个领域，特别是提出 R 矩阵理论，至今仍在广泛应用，而且超出核物理的范围。当然这些都还是纸上谈兵的理论工作。

1938 年圣诞节前，核裂变的发现改变了核物理的历史，也改变了世界历史。1939 年 1 月，玻尔把这个消息带到大西洋彼岸，立即在美国物理学界引起反响。从物理学来讲，这是一个全新的现象，要求从理论上进行全新的解释，而只有少数欧洲流亡者才能从科学、技术及军事方面看到其后果，其中的关键人物就是维格纳的好友西拉德。西拉德不仅看到通过裂变放出的中子，可以实现链式反应，而且看到由此可制成威力无比强大的原子武器。维格纳和西拉德出于他们对于纳粹本性的认识，更加关注德国人一旦掌握了这种武器，将会奴役全世界，这是一种极为可怕的前景。值得注意的是，许多当时顶尖的科学家爱因斯坦、玻尔，甚至费米起初都没有认识到这点，西拉德呼吁裂变研究要保密也没有得到响应，于是这几位流亡到美国的匈牙利人只好自己单枪匹马地去推动社会对此问题的重视。

1939 年 7 月，西拉德和维格纳去长岛会见爱因斯坦，说服他采取行动引起美国政府的注意，第一次开启了原子弹计划的链条。8 月 2 日，维格纳要去加利福尼亚州，西拉德和泰勒再一次去长岛，促使爱因斯坦签署了交给罗斯福总统的信，加上西拉德的备忘录经由萨克斯于 10 月 11 日交到白宫。罗斯福的确得采取行动，因为这时第二次世界大战在欧洲已经打响了。他任命了一个铀咨询委员会，请了西拉德、维格纳、泰勒、费米等人为顾问。可是美国人的短视、无知和官僚主义使研究缓慢，最初的拨款少得可怜，只有 6000 美元，为的是买石墨，使费米在哥伦比亚大学实验中用的中子减速。而维格纳还在普林斯顿大学进行他的理论研究。1941 年 6 月，他再次结婚，新娘是威萨学院的物理学家惠勒，他们育有一子一女。

1941 年 12 月 7 日珍珠港事件最终把美国拖入了战争，一切军事研究工作开始紧张地进行。维格纳夫妇于 1942 年 4 月到芝加哥大学"冶金实验室"工作，实际上这个实验室的目的是实现链式反应。维格纳主持理论物理组，下面有 20 多位物理学家，他们最终为费米的自持链式反应实现作出了贡献，维格纳及近 50 位科学家在 1942 年 12 月 2 日，亲眼见到第一个原子反应堆落成。

下一个任务是设计汉福德反应堆，其目的是生产足够数量的钚。现在的问题早已不仅是理论和实验问题，而是大量的工程技术问题，例如中子减速剂冷却法等等。在这方面，维格纳在大学中所受的训练起了很大作用。

1942 年夏天曼哈顿计划开始启动。从 1942 年 11 月到 1945 年 11 月，奥本海默是计划的首席科学家，也是洛斯·阿拉莫斯国家实验室的负责人，这里成为研制原子弹的中心。1944 年 1 月，费米也到达这里，冯·诺伊曼也经常来此协助解决问题。但维格纳没有去，他仍然研究反应堆的技术问题。1945 年秋维格纳回到普林斯顿大学继续核反应和相对论量子力学的研究。可是 1946 年他被任命为田纳西州橡树岭国家实验室的研究开发部主任，继续铀反应堆的工作。官僚化体制让他受不了，一年之后他就离开了。不过长期以来，他还是这里的顾问，而且由此他对于民防事业极为关注。他说"我们忽略民防将成为一项大灾难"。他支持战略防御计划（SDI）即反弹道导弹计划，对此他提出许多意见。

短短十几年他在核工程和核技术方面取得一系列成果，并且取得 37 项专利，许多专利现在仍在应用。他对于核对科学的影响也有许多研究，特别是放射线对于固体性质的影响，其中有一种被称为固体的"维格纳病"，这个名称一直使维格纳本人感到恼火。

投在日本广岛和长崎的原子弹（后者用的是汉福德反应堆生产的钚）震动了全世界，使得大多数科学家，特别是原子科学家反思科学与社会这个大题目，许多人成为反核斗士，而且对进一步扩大核武库、制造氢弹（当时称为超级炸弹）持消极甚至反对态度。实际上，早在决定投原子弹之前，西拉德就提出显示原子弹的威力而不使用，并且进行国际控制的建议。与这种意见针锋相对的是以泰勒为代表的鹰派，其意见最终占了上风。冯·诺伊曼的想法接近泰勒，而维格纳也由于自己的经验有下面的看法：他不后悔帮助造原子弹，因为总会有人发现造炸弹的原理。因此美国造出来总比德国希特勒造出来好得多。他说，他感到后悔的是没有早点干，如果在1939年就认真去控制裂变，1943年冬天我们就会有原子弹，那样欧洲战场和战后形势都将大不相同。总之，他不后悔。

五、贤哲的后半生

1947年秋，45岁的维格纳回到了普林斯顿大学，继续正常的教学与科研生涯。在所有领域，他都继续推进，而且那些在以前不太被重视的成果，现在已成为公认的经典，特别是群论。现在群论在固体物理学、分子物理学、原子物理学、核物理学等领域已经成为必不可少的工具，而且对于基本粒子物理学的每一次进步都离不开正确的群论模型。不过，年纪大了，思想保守的一面也就暴露出来：维格纳在基本粒子还没有时，就提供完全分类基本粒子的方案。他首先定义什么是基本粒子，他的定义充分体现了他数学物理学家的本色。所谓基本粒子，可以鉴别为庞加莱群的一个不可约表示，他对这个定义的态度十分认真，以至于他始终难以接受夸克的物理实在性。由于夸克的幽禁，从来不可能以渐近态观测到。不过，当前夸克-轻子的分类十分漂亮和完满，没有人再把维格纳的意见当成一回事了。不过，维格纳的群论精神还是最后的胜利者。

维格纳45岁回到普林斯顿大学时，已经是一个有名的人物了。被邀请担任许多职务：例如1947年到1951年任国家标准协会访问委员会委员；1951 年到 1954 年任国家科学院研究理事会数学组成员，同时任国家科学基金会物理组成员；1952 年到 1957 年和 1959 年到 1964 年任原子能委员会总顾问委员会成员，这些当然都是重要的职位。他经历了战后许多重大事件，如奥本海默的审查、爱因斯坦的去世以及早年好友冯·诺伊曼 1957 年被癌症夺去生命。接着，泡利和玻尔去世，标志着"在我眼皮底下看着它长大的"量子力学黄金时代的终结。他也像爱因斯坦晚年一样，越来越倾向于哲学思考，而在物理方面则有点力不从心，跟不上时代潮流了。

维格纳一生非常谦逊，不追名逐利。当他 1963 年荣获诺贝尔奖时，他怀疑自己是否有这个资格。他觉得冯·诺伊曼、奥本海默和泰勒应该在他之前获奖。他想起古老的法国谚语："笨人有福。"不管怎样，知道自己获奖是因为"系统地改进和推广量子力学的方法并予以广泛的应用"，他还是十分高兴地去领奖了，不过他很遗憾他的父母均已去世，不能分享这份荣耀。特别使他不愉快的是，西拉德公开表示他应该在维格纳之前领诺贝尔奖。实际上，他们在许多重要问题上有着不同见解。但是，西拉德晚年生活窘迫，维格纳等人的确支援过他。1964 年 5 月西拉德就离开人世。维格纳仍然认为西拉德是他最好的朋友。

1971 年 6 月，按照当时的规定，维格纳在 68 岁时从普林斯顿大学退休，成为"荣誉教授"。正好这时，路易斯安那州立大学的工程学院院长理查逊邀请他去讲学。当年维格纳是埃索公司的顾问，而理查逊正好负责这些顾问的事务，他一直很喜欢维格纳，总把他记在心上，只不过忘记了他的岁数已经过了 68 岁之限。于是维格纳在这美丽而友好的小地方又指导了一年研究生。别人对他的和蔼可亲记忆犹新，有的学生虽然同他只有一面之缘，后来还写信写文章纪念他。长寿的理论物理学家晚年往往开始哲学思考，维格纳也不例外，他不断思考基本的物理理论及其哲学基础，形成一套关于对称性和自然规律的看法。他的哲学渗透着对自然界整体美的洞察。

1972年5月，维格纳又回到普林斯顿，真正开始退休生活。广泛的兴趣促使他探索生活中的一切问题，从化学、生物学到心理学，并寻求哲学解答。他不喜欢美国人太重视物质的倾向，认为自己到头来还是个匈牙利人。可是他也不愿返回匈牙利，在经历那么多事件之后，他懂得自由的意义。在他眼里，爱与相互吸引才是生活中最大的神秘美，而太物质化的人哪懂得这些。

也许一位长寿老人的不幸，就在于晚年会看到亲朋故旧一个接一个地离去。从1976年海森堡和他的老师波兰尼去世，到1984年他妹夫狄拉克去世，在此期间，1977年，30多年来同他相濡以沫的太太患癌症去世对他是又一个沉重打击，这时他的同事哈密尔顿去世，维格纳和他的夫人艾琳成为好朋友，1979年他们结婚了，她一直伴随他，直到他92岁高龄去世。

回顾自己漫长的一生，维格纳对自己工作的质与量感到欣慰。在他90岁高龄之际，他的全集开始由施普林格出版社出版，一共八大卷。前五卷是他在科技方面的著作，后三卷是他在哲学、历史和社会学等其他方面的著作。

（作者：胡作玄）

伽莫夫

给人类带来新思想的人

乔治·伽莫夫

(George Gamow,1904—1968)

在20世纪出现的一批物理学精英之中，乔治·伽莫夫可说是一位极为独特的人物了！这是因为他曾经在核物理学、天体物理学、宇宙学以及分子生物学方面都作出了开创性与奠基性的工作；还因为他在列宁格勒、哥廷根、哥本哈根、剑桥和普林斯顿曾受教于弗里德曼、玻恩、玻尔、卢瑟福和爱因斯坦；更因为他写出了数十种至今仍具魅力的通俗科学读物……

伽莫夫没有获得过诺贝尔奖——这也许可看作是他的独特性之一。至今少见研究他的专文与书籍问世，这与他的卓越成就很不相称。本文试图通过介绍他的生平及其学术贡献，由此来认识伽莫夫的独特思想。

一、生平：从敖德萨到科罗拉多

1904年3月4日，伽莫夫出生于当时俄国南部的敖德萨城（今属乌克兰）。由于母亲难产，他差点送了命，但最后母亲还是在父亲的书房里生下了他。日后他曾戏称："也许正因为如此，我才写出了如此之多的书。"

这个家庭在自然科学方面没有什么显著背景。伽莫夫有一位表兄去意大利学习天文学，参加了当时无政府主义团体谋刺俄国总理大臣斯托雷平的行动。未遂，被送上绞架。还有一位舅舅是从事海洋和湖泊化学的教授。他们对伽莫夫没有多少帮助。来自双亲的影响无疑是最大的，伽莫夫的父母都是私立学校的教师，父亲专业是俄语和文学，对歌剧的兴趣也极浓厚，这些熏陶了伽莫夫幼小的心灵。母亲从事历史与地理，她辅导儿子很早就阅读富有想象力的童话作品，它们激起了伽莫夫无尽的好奇心和想象力。晚年时他写道：

> 我曾梦想去月亮上旅游一次，这个孩子的梦，至今我依然珍存着。

从父母那里接受的丰富知识，对伽莫夫的成长有着重要作用，他的自传《我的世界线》的扉页上写着"献给我的父亲和母亲"，表达出其感激之情。

伽莫夫的童年是在战乱中度过的，第一次世界大战、俄国十月革命和国内战争，都将战略要地敖德萨卷入进去。学校的教育是"放羊式"，学生获得知识的主要途径是自学。伽莫夫的求知欲和勤奋使他成为班级中最优秀的学生。除去对诗歌的爱好，他还迷上了几何学。有两件小仪器对他影响极大。一件是一架小显微镜，以此他想来"检验"教义，他发现在教堂的圣餐上浸上红酒的面包看来并不特别，但还不能断定它与血的不同，"于是，我仅得到了一个一半的证明，但我想是这次实验使我成了一个科学家"。另一件则是一架望远镜，这个 13 岁时得到的礼品使伽莫夫决心去研究物理学和天文学。

1922 年内战结束。伽莫夫于该年进入敖德萨的新罗西亚大学数理系学习。刚复学的学校条件极差，物理学教授拒绝在没有助手的条件下做演示实验，但他又不想把此课开成"粉笔演示讲座"，于是该系竟没有物理课。在此，伽莫夫学到更多的是数学。张量分析和多维几何的课程十分抽象，但让伽莫夫感到振奋。他还首次接触到一些相对论的知识。值得一提的是，伽莫夫对复杂运算的"敬畏"也源于此时，他接受了一位教授的论点：计算是银行出纳员的事，关键是思想。

一年之后，伽莫夫便转去列宁格勒大学物理系学习，他认为那里的物理学才是一流的，并正日新月异地发展。为了有经济资助，他在父亲的一位老同学帮助下，在气象站兼观测员的差。但没多久他便与那位长者有了冲突，因为他不愿服从后者的设想去做气象学家。于是，伽莫夫找到一所红军野战炮校兼做教官（居然是上校军衔），讲授物理学。

在列宁格勒大学里，伽莫夫看到了震撼物理学的量子论发展。他还参加了数学系教授弗里德曼开设的"相对论的数学基础"课程，受益匪浅。他曾决定要跟从这位相对论宇宙学的先驱者研究宇宙学，可惜弗里德曼不久之后就死于伤寒。

1925 年春，伽莫夫以优异成绩取得攻读博士学位的候选人资格，由于他提前一年完成学业，奖学金要照顾先学，只得委屈他在国家光学研究所干一年的研制镜片切剖工作。伽莫夫的兴趣完全在理论物理方面，他与同学朗道、伊万年科建立起称为"三剑客"的圈子，一起讨论量子力学的新进展。他与伊万年科合作的处女作，是将薛定谔的波函数引入相对论的四维时空中，发表在具权威性的《物理学杂志》上。

1928年，伽莫夫被推荐去哥廷根大学理论物理研究所学习和工作几个月。这个当时由玻恩领导的物理学中心，人才济济，使伽莫夫受到感染。到达后没几天的一次聚会上，伽莫夫报告了他的最新工作，用量子力学的势垒贯穿效应来解释α粒子的放射，引起了一场轰动。

当年暑假，伽莫夫按预定要返回苏联。途中，他特地去哥本哈根拜访了他敬仰和感到神秘的玻尔，向玻尔报告了自己的工作进展。玻尔对核理论的兴趣极浓厚，也十分欣赏这个年轻人，他对伽莫夫说：

> 我的秘书告诉我，你的钱只够在此待一天。如果我给你争取到丹麦皇家科学院的卡斯伯格奖学金，你是否能留下一年呢？

这样，伽莫夫就成为"玻尔的孩子们"之一了。在研究所的工作和生活非常愉快和富有成效，伽莫夫认为，"研究所的工作是非常容易和简朴的：每个人可以干他想干的事"，而别人对这位"最具丰采"青年人的印象也是"他实际上用了他全部时间和精力去考虑开玩笑和恶作剧"，学术倒成了他的副业。事实上，伽莫夫关于原子核的工作是出色的，他推算的α粒子对原子核的贯穿概率与卢瑟福的实验结果符合。因此，玻尔让伽莫夫去剑桥向卢瑟福显示量子理论的功效。卢瑟福对伽莫夫的解释非常满意，把他接纳进"卡文迪许大家庭"。伽莫夫把最新的思想带到了剑桥，而对他来说，两年之中访问了三个物理中心，在三个物理学大师手下研究，真是幸运之极！

1934年，伽莫夫被乔治·华盛顿大学聘为教授。该校校长听从了物理学家图夫的建议，让伽莫夫来领导物理系使其成为一流，因为"他的名声在今后五十年内是不会下来的"。

接受聘请的同时，伽莫夫提出了两个"具有划时代意义"的条件。第一个要求是把他的朋友泰勒请来工作。泰勒后来与伽莫夫的合作迅速提高了该校学术水准，更重要的是，泰勒后来成为美国核科学与核政策的关键性人物之一，因而有一种流传的说法认为邀请泰勒去美国是伽莫夫对于氢弹发展的贡献。

另一个条件是，应允许他每年举办一次类似在哥本哈根的理论物理会议。那时美国还没有这种理论物理学家的聚会。"华盛顿理论物理会议"吸引了美国最优秀的物理学家，同时还有来自欧洲的物理学家。它还推动了许多重要理论的产生，如核裂变机制、恒星能量的两类循环等等。

二战期间，伽莫夫被美国海军部一所高爆研究室聘为顾问，每周只需一天的时间从学校赶去工作。但他却由此得到一个机会，每两周去普林斯顿向爱因斯坦介绍研究情况并听取意见。通常，爱因斯坦对这些大计划的评论总是："啊，真太有意思了，非常非常巧妙。"之后，他们的话题就转到物理学，尤其是天体物理学和宇宙学方面来。这些交往使伽莫夫更加了解爱因斯坦，也获得不少教益。战后一段时间，他在洛斯·阿拉莫斯国家实验室中从事了有关氢弹的工作。

1956 年，伽莫夫转去科罗拉多大学任教，这时，他在科学界的地位可以由他作为会士或院士的那些一流学会反映出，包括美国物理学会、华盛顿哲学学会、国际天文学联合会、美国天文学会、美国国家科学院以及丹麦皇家科学与文学院等。

1968 年夏季，伽莫夫在英国剑桥开设宇宙学讲座时，困扰他多年的循环系统疾病恶化，返回科罗拉多不久，于 1968 年 8 月 20 日逝世。科罗拉多大学校长在纪念讲话中评价说：

> 乔治·伽莫夫的死对于科罗拉多大学，对于科学和那些成千上万从他的作品中领悟到物理世界的奇妙的人来说，是一个巨大的损失。

伽莫夫留下了他的美国妻子帕金丝和他与前妻的儿子。他还留给人们这样的形象：高个子，红头发，蓝眼睛，浑身上下充满了机智和幽默感。

二、事业，从理论物理到天体物理

伽莫夫的科学事业以理论物理学为起点，贯穿其终生的工作之中。1928 年，伽莫夫在哥廷根就看到人们热烈讨论如何运用新发展起来的量子力学去深化对原子和分子结构的认识。他很快意识到自己并不适合这类工作，因为该领域内参与者太多，产生新思想的难度太大；同时，他也认为新的理论总是渐渐失去原先质朴内核，被日益复杂的数学形式所取代，伽莫夫对此敬而远之。

原子核这个尚未被量子理论涉及的领域被伽莫夫发现了。当时人们在核方面的知识十分贫乏，仅仅了解"它们是非常地小，具有电荷与质量，几乎不知道自旋与其他现象"。伽莫夫看到了卢瑟福新近的一项工作，用 RaC′ 放射出的 α 粒子轰击铀核，得出与库仑散射符合得很好的结果。但它却与铀的放射性行为矛盾，因为铀放射出的 α 粒子的能量只及轰击的 α 粒子能量的一半，却能稳定在核内，如果有势垒又是怎样的机制？更重要的是放射衰变不是一个瞬时过程，而是有半衰期，这一直是个谜。对此，卢瑟福解释的思想是核内 α 粒子携有两个电子，总是要将 α 粒子"拉回来"。伽莫夫意识到问题的关键是要用量子理论而不是经典理论来处理，把 α 粒子的放射看成是对于核势垒贯穿的量子效应，使用薛定谔方程便可轻易得出结果。它与已有的反映 α 衰变的能量与衰变概率的盖革－努塔尔（Geiger-Nuttel）经验关系，符合得很好。

与伽莫夫同时，澳大利亚的戈内与美国的康顿小组也独立提出了这样的解释。伽莫夫认为，这样就削弱了他们获诺贝尔奖的可能性。这个工作的重要性在于揭开了核物理研究的序幕，罗森菲尔德指出，伽莫夫与他在哥廷根图书馆首次见面时介绍"我叫伽莫夫"——这个声明"标志着核物理学的起点"。他们随后就讨论了 α 粒子衰变的问题。

对天体物理学的影响也是由此而始。伽莫夫把这个工作介绍给实验物理学家豪特曼斯，他们又合作了一篇细致讨论放射性的论文。豪特曼斯不久之后即与英国天文学家阿特金森合作，以核机制来取代太阳能源解释的经典的收缩机制。他们的工作尽管还是定性的，但使人们对恒星的认识进入了核时代。

伽莫夫还将其思路换过来，讨论由 α 粒子轰击原子核，计算其贯穿概率，结论与卢瑟福的实验结果符合，因而他被玻尔推荐到剑桥卡文迪许实验室。在 1929 年至 1931 年间，伽莫夫最早提出了原子核的液滴模型思想，并以此来解释受激核的 γ 发射。

在剑桥时，伽莫夫促使卢瑟福决定建造质子加速器。早期的人工核嬗变的工作都使用 α 粒子，伽莫夫根据势垒贯穿理论，论证采取质子代替 α 粒子去轰击原子核，加速能量只需后者的十六分之一。这使得卢瑟福大受鼓舞，立即要求他的学生科克罗夫特与沃尔顿建造一台质子流加速器。1931 年，加速器投入运行，它使人们对核反应的视野迅速扩充，为此科克罗夫特和沃尔顿获诺贝尔物理学奖。

到美国之后，伽莫夫的兴趣开始转向天体物理。在纯粹核物理方面的最后工作是与泰勒合作的关于 β 衰变的"伽莫夫－泰勒选择定则"，它是补充费米的 β 衰变理论，指出在讨论 β 衰变的费米作用时，还应考虑原子核内核子自旋的相互作用。

1933 年，伽莫夫与朗道合作发表了"恒星内部的温度"论文，这是他进入天体物理领域的代表作。其中提出可以根据恒星表面元素 Li 的存在，推知这类恒星内部温度的上限为几百万度。此后，他还研究了红巨星演化问题，该工作也是最早的关于元素在恒星内部合成的讨论之一。所有这些工作，都显示了伽莫夫在高能与元素形成等问题上的特别兴趣。他由此意识到：

> 在我们太阳和其他恒星表面和内部的化学组成的差异，对于化学元素起源和涉及宇宙早期发展的问题有着极重要的意义。

在天体物理中，伽莫夫另一项出色的工作就是他与森伯格合作提出的 Urca 过程。他们认为在某些恒星内部的核反应产生出大量的中微子与反中微子，由于突然被释放出而引起星体塌缩，伴随巨大的光能释放与爆炸，这可以解释为超新星现象。有人评价该理论为"已成为天体物理学家中的标准部分"。

伽莫夫还促成过一些新理论的提出。他与泰勒安排 1939 年度华盛顿理论物理会议的议题为"恒星内部的热核反应"，因为他认为对人工核嬗变的知识已积累了很多，应该重新提起豪特曼斯与阿特金森的工作并深入下去。物理学家贝特有充分的核物理知识，但"对于恒星内部一无所知"，伽莫夫等关于核物理在恒星方面应用的介绍使他开阔了眼界，会议结束前贝特就提出了碳循环理论的大致构想，不久后完成并发表了该理论的细节。原是伽莫夫研究生的克里奇菲尔德会后也提出了恒星能源的另一种循环过程的设想，即 H-H 循环，他与贝特合作克服了技术上的困难。该年会的直接结果就是出现了两类关于恒星内部能量循环产生的理论，它们为现代恒星演化理论奠定了基础，并使得贝特获得 1967 年度诺贝尔物理学奖。这次会议还直接讨论到重元素在恒星内部形成的问题，人们的结论是把这类反应解释为发生成观测到的各类星体的内部是困难的,从而把目标转向考虑宇宙的早期。

直到 20 世纪 40 年代中期,伽莫夫还在白矮星的机制、造文变量的机制、大量云的起源及恒星内部元素产生等方面提出了许多有价值的设想。此时,伽莫夫在事业上已是硕果累累了。可以看出他的工作的轨迹是理论物理→核物理→天体物理,其中包含的核反应机制与越来越多涉及的宇宙大尺度和元素形成的问题,已经预示了他日后能够建立起他的热大爆炸理论。同时,伽莫夫也影响了一些物理学家的工作(它们涉及两项诺贝尔奖),这些工作对于他的理论也有着重要的意义。

伽莫夫写过一段关于普朗克的评述:

> 他被授予诺贝尔奖,在一生中来得很迟,是 42 岁的时候。通常 42 岁的一个人寻求职业或专业不是很迟,但对一个理论物理学家最重要的工作是在 25 岁时做的,那时他有时间来学习充分的振奋人心的理论,而他的思维仍然机敏,足以想象出新的大胆的观念……

1946 年,伽莫夫正是 42 岁,他却在此时提出了他一生中最重要的理论。

三、成就,从元素起源论到热大爆炸宇宙学

由伽莫夫建立的热大爆炸宇宙学的理论来源有两个方面:广义

相对论的膨胀宇宙理论和化学元素的形成理论。在20世纪40年代中期,这两方面面临着困难的境地。

1917年爱因斯坦发表的《根据广义相对论对宇宙所作的考察》一文,是现代宇宙学的开端。此后又有德西特、弗里德曼、勒梅特等人修正和发展了爱因斯坦的宇宙模型,形成广义相对论的宇宙论。1929年,天文学家哈勃宣布发现河外星系存在着系统性红移,即星系的退行速度与它们的距离呈线性关系,这是对广义相对论宇宙膨胀模型的支持。由于膨胀的确认,人们很自然地根据广义相对论探讨宇宙早期行为,勒梅特的"原始原子"(Primitive Atom)学说就是最早的"大爆炸"宇宙论,但他毕竟不是物理学家,他避免涉及核理论的问题,他所坚持的宇宙射线是原始原子蜕变产物的看法后来也被推翻。但在20世纪三四十年代,相对论宇宙论的最大挑战就是宇宙年龄问题。按照哈勃关系推出的宇宙年龄(从致密的"星前期"至今)为20亿年,而当时根据放射性同位素测定地球表面岩石的年龄就达33.5亿年,后来贝特等人的研究确定了太阳年龄为50亿年,等等,这些结果都使得相对论的宇宙膨胀理论受到普遍怀疑,甚至包括它的创建者。德西特于1932年在波士顿的讲座上就认为,这个假说"到未来科学发展的某个阶段,可能不得不被放弃或修改,或至少会有不同的解释"。爱因斯坦也表示了类似的看法:"如果发觉这里所提出的宇宙学理论同任何这样的结果有矛盾,它就要被推翻。"这种情形之下,稳恒态宇宙学就应运而生。由霍依尔等人倡导的这种理论主张宇宙大尺度上时空特性保持不变,膨胀的宇宙中有新物质不断被创生出来作为补充,因此避免年龄矛盾。稳恒态宇宙学还试图将除氢之外的所有元素解释成为在恒星阶段形成,后来该理论是热大爆炸理论的有力竞争者。

然而,放射性铀的存在又是对宇宙具有起始的经验证据支持,只是年龄矛盾尚无法消除,爱因斯坦曾表示"……但要研究这类问题,就会走得太远了",这种观点是有代表性的。真正摆脱年龄困境的是 20 世纪 50 年代巴德对哈勃常数的修正,这时对宇宙演化理论的任何发展无疑是困难但又重要的。

到 20 世纪 30 年代,已有一些研究宇宙中元素的丰度与来源关系的工作,人们已认识到元素的丰度与高温($\sim 10^9 K$)下各种核素的热平衡有关,但到 20 世纪 30 年代末,元素在恒星内部生成的解释遇到了阻碍,如贝特曾得出结论,恒星内部的反应"在现存条件下不可能构成比氦更重要的元素",这使得人们把元素形成的场所放到宇宙的早期状态。1942 年,钱德拉塞卡和亨里希提出,早期宇宙或许是元素合成的场所:每一种元素在炽热($\geqslant 10^9 K$)和稠密($\geqslant 10^6 g/cm^3$)的宇宙膨胀过程中相应地"冻结"出其相对年度。然而,这种解释在重元素上的年度值降落得比实际年度为快,这就是所谓"重核灾难",尽管曾有不少努力通过"准平衡过程"来修正曲线,但结果总不能令人满意。

热大爆炸宇宙学的基础就是广义相对论的宇宙论与元素生成理论的结合,但这两方面的研究者们对另一方面的内容都几乎一无所知。也许,伽莫夫正是适合开创这一领域独一无二的人选。

1946 年 4 月,伽莫夫发表了题为《膨胀宇宙和元素的起源》一文，是这个理论的奠基石。他认为元素形成于准平衡态"冻结"理论的困难是由于实际上不可能存在这种平衡。他指出，广义相对论关于宇宙膨胀过程的研究可以看出快速核反应所需条件仅仅存在于非常短的时间内，由此，他预期在宇宙迅速膨胀过程中高密度的自由中子迅速复合出各种核素，在此后相对冷的状态下通过 β 衰变过程形成各种年度不同的原子核。尽管这个理论还没有任何定量支持，但伽莫夫敏锐地抓住了问题的实质，并认为它的细节将使人们认识到宇宙早期的演变过程和理解今天所观测到的化学元素丰度现状。

伽莫夫的热大爆炸理论是基于中子俘获建立所有的元素，计算必须借助大量的中子俘获截面数值。十分幸运的是，这方面的进展十分及时，二战后公开了核反应堆计划的有关数值，它们显示出中子俘获截面与核质量之间的关系，同元素丰度与核质量的关系比较有明显的对应。这使伽莫夫对他的猜测信心大增。但所必需的一系列繁杂计算，当然是他个人所远远不能胜任的工作，此时，他又幸运地碰上了阿尔法，一位十分能干又在寻找博士课题的研究生。

此后，阿尔法与伽莫夫长达 8 年的合作是有效而又愉快的。到了 1948 年初，阿尔法的论文结果已做出，在发表之前，他们合写了一篇简讯投给《物理评论》。伽莫夫又在这里运用了他的幽默，添上了没有参加这一工作的贝塔的名字，以使得作者姓氏的读音正好是 α-β-γ，以它来作为一篇宇宙创生的论文是再妙不过了！有意思的是，贝塔恰好是论文评审人，他删去了注在他名字后的"缺席"

一词，这就成了一个流传甚广的趣话。

在这篇题为《化学元素的起源》的论文中，按照伽莫夫的思想，将不同核素的中子俘获截面的数值点拟合成一条光滑曲线，通过它来推测决定其形成的宇宙早期状态特点，文章给出的核素俘获时间约为 20 秒，其时宇宙的密度约为 2.5×10 g/cm^3。尽管还未有更多的结论，而且不少数值后来也证明是不对的，但论文仍不失其重要的意义，因为它显示出作为整体的宇宙的和谐与自洽，通过对今天宇宙微观特征的了解能够推知早期宇宙的宏观行为；另外，它还标志着物理学和宇宙学两方面的一个新结合点。

爱因斯坦对这一工作评价很高，他致信伽莫夫，认为它是"极重要的起点"和"十分地可信"。值得注意的是，此后爱因斯坦改变了以往对相对论宇宙理论的谨慎和怀疑，而认为"这种困难（按：指年龄）是由哈勃的膨胀常数的数值和矿物年龄量度产生的，它同任何宇宙学的理论无关"。可以推测，爱因斯坦的这种改变是与伽莫夫的研究进展有联系的。

此后，伽莫夫沿着这条思路进行了一系列探索性工作，它们包括许多关于宇宙演化过程的有价值推论，大大丰富了现代宇宙学知识，构造出了大爆炸宇宙学的一个较为完整的框架。在 1948 年 4 月发表的《元素的起源和星系分离》一文中，伽莫夫指出按元素生成的核反应要求，温度在 $10^9 K$ 以上，对应的辐射密度在水的密度量级以上，对应的物质密度则只有 $10^{-6} g/cm^3$，他首次提出在早期宇宙中辐射占优势的思想。这里隐含的一个推论就是宇宙的演化过程，是伽莫夫首先关注到的，他指出，遵从 $\rho \sim$ 物质 $t^{-\frac{3}{2}}$ 与 ρ 辐射 $\sim t^{-2}$ 方式演化的宇宙，在约 10^7 年（对名 10^3K）时其辐射与物质的密度达到平衡，他认为这可以决定星系形成的尺度大小：

> 可以相当肯定星系形成是整个宇宙学问题的内在部分，并且是辐射物质的"大爆炸"宇宙的一个直接后果。

尽管后来的工作是基于物质与辐射解耦作为星系形成的初始阶段，但伽莫夫的思想和图像对后面的研究是"具有启发意义的"。

尽管伽莫夫没有参与细致的工作，但他总是能提出富有意义的思想。此时，他的学生阿尔法与赫尔曼则致力于元素丰度的计算和把伽莫夫的推论更为精确化和合理化，他们在 1948 年的一篇更正伽莫夫的论文中，首次提到了"现在宇宙中（辐射）温度发现是大约 5K"，很可能这个 5K 只是一个"论据"还不是推论，伽莫夫对此表示：

> 约 5K 的空间温度可用现有的恒星辐射（C 循环）来解释，我们唯一能说的是，来自宇宙原始热量的残余温度不超过 5K。

一年之后，阿尔法和赫尔曼的另一篇论文，给出了宇宙残余辐射的论证。他们根据现今轻元素的丰度，估计光子与核粒子的比值，并预言了残余辐射的可能大小：5K（对于封闭宇宙）和 1K（对于开放宇宙）。

有一种误解认为伽莫夫首先提出了残余辐射温度，这显然与原始文献不符，尽管这个概念实质上是他工作的延续，同时阿尔法等人的工作与伽莫夫的工作也很密切，但事实上伽莫夫直到 1953 年才在一篇论文中涉及这个结果。他以一个后期辐射密度的表达式，"推导出了现在辐射密度 2.10^{-32}g/cm^3 与 7K 温度，是有意思的"，但同时他附上的一张说明辐射 - 物质演化图上，并没有将辐射延续至今！从其他论文中，可以发现他并不认为此温度仍有效地存在，这很可能是他一直以为该辐射将难以与恒星辐射的温度区分开来。此时，倒是阿尔法和赫尔曼曾向专家们探询过探测的可能性，都没有得到积极反应，这也反映出当时热大爆炸理论的处境。

伽莫夫的理论由于其内在的问题存在着难以克服的障碍，这就是企图以中子俘获来形成所有的元素的设想，在质量数为 4 的粒子上以俘获截面的拟合曲线来计算与实际值相差很大，人们曾以种种尝试，企图越过这个所谓的"M5 裂隙"，都未能成功。而与此同时，天文学家发现了重元素在恒星内部形成的证据，而且物理学家也找到了重元素在恒星内部形成的多种途径。这些在 20 世纪 50 年代被认为是对稳恒态宇宙论的支持，对要求元素形成于一次大爆炸的伽莫夫理论是严重的挑战，以致许多人放弃了对它的信任。伽莫夫并不同意因此而全部放弃该理论，他指出该理论的成功之处，如氢和氦的丰度，还有星系平均尺度和质量等，他提出的设想是，元素在宇宙早期与重元素在恒星阶段产生的方式"起着同等重要的作用"：

较重元素的主要部分不是形成于宇宙膨胀早期阶段，而是在此后的某个时期形成的，可能是在奇热的恒星内部形成。

这个观点，被埋没长达10余年之后，才被人们重新认识和确立。

1956年之后，伽莫夫就离开了大爆炸宇宙学的前沿工作，这一方面是由于他周围的研究小圈子成员已分散到各处，伽莫夫自己也去了科罗拉多大学。尽管大家都希望不放弃这项研究，但事实上已不可能。另一方面，这一理论的主要框架业已完成，比较10年之后重新兴起的一系列工作，大多都是重复了伽莫夫等人的历史工作。对于伽莫夫来说，新思想才是研究的动力，何况此时他还发现了一个更有吸引力的新领域——分子生物学。

1964年，宇宙中的3K微波背景辐射被科学家意外发现，使宇宙学研究又出现了一轮高潮，同时也确定了大爆炸宇宙学的"正统"地位。伽莫夫又重新回到这一领域，而此时他的注意力放到了反映宇宙奇妙联系的大数宇宙理论之中。

早在20世纪三四十年代，狄拉克就发现宏观尺度与原子尺度的某些比值都大致为10^{40}的数量级，他认为这不是巧合，应归于宇宙学说与原子学说的某些深刻联系，并把反映这种联系的无量纲大数与宇宙的时间结合起来，归纳为大数宇宙学原理。由此他提出引力常数G与宇宙年龄t_{age}成反比的猜想。泰勒曾对此提出反驳，但他基于宇宙年龄约20亿年的论证在后来扩充到约100亿年时便失去说服力。此时，伽莫夫则根据恒星演化角度的考虑，将对于$G\alpha t_{age}^{-1}$的质疑复活。他论证说如果这样,太阳以往的发光强度要加大,并且在 40 亿年的岁数上要演化成为红巨星——这与太阳年龄判断矛盾,因此,这种可能性被彻底否定。但在伽莫夫看来,狄拉克的猜测简直奇妙无比,如果仅因为这点就完全抛弃则是最糟糕不过了。为挽救该理论,他提出电子电荷 $e^2 \alpha t_{age}$ 的猜测,并且试图以此来解释类星体的巨大红移,他认为这个想法"说起来是发疯而看起来将是正确的"。不幸的是,天文学家和物理学家的工作否定了他的设想。伽莫夫最后的努力,就不仅仅试图由物理量的表面联系来推断,而是将其与宇宙的物理过程联系起来,他解释了为什么有大数存在,是由于"宇宙早期的特性只选择出唯一的一种宇宙模式"。在该领域内,尽管伽莫夫的工作是不完整的和粗糙的,但他的这些思想在后来的物理学与宇宙学中有着现实的价值与意义。

应该在此提及伽莫夫在这段退出期间的成就。确实,他写出了不少脍炙人口的作品;而他同时也"越轨"闯入了生物学领域。其时正是沃森和克里克发现 DNA 的双螺旋结构之后不久,伽莫夫谈到了他们在《自然》杂志上发表的论文,该文旨在解释储存在 DNA 分子中的遗传密码是由 4 种称为碱基的原子团排列顺序构成的。伽莫夫敏锐地看出,要完成 20 种组成蛋白分子的氨基酸,组成 DNA 键的 4 种核苷酸的信息可以以三联体的构成方式被翻译成这 20 种氨基酸。伽莫夫发表了这项猜测(他也不忘将作者添上"汤普金斯"这个他的作品中的人物)。克里克后来评价伽莫夫这个工作时写道:

伽莫夫工作的重要性在于它是个地道的关于密码的抽象理论，它并不迷失在大量的非必要的化学细节之中，尽管他的双股 DNA 是蛋白合成的模板的基本设想是相当错误的。他确实清楚意识到的是，一个重叠的密码对核苷酸的顺序产生限制，并且通过研究已知的核苷酸顺序应可能证实，或至少否定各种重叠的密码。

后来，伽莫夫关于遗传机制的这一猜测确实得到了证实，因此奠定了伽莫夫在分子生物学领域内作为一位开拓者的地位。

四、遗产，从通俗科学读物到新思想

尽管伽莫夫在科学研究前沿曾作出过杰出贡献，但使他在公众中获得巨大声望的却是他所写出的大量通俗科学作品。大约 1937 年，他动手写了第一篇科学故事，在其中伽莫夫企图向一般公众解释那些十分复杂与抽象的宇宙空间、膨胀与弯曲等概念。主人公被起名叫"汤普金斯"，原因是伽莫夫觉得这个名字挺滑稽有趣。但汤普金斯先生开头却不走运，投到《哈泼斯》杂志和《大西洋》月刊的门下均吃了闭门羹。一年后，伽莫夫在一次会间偶尔与别人谈到他的"惨败"，别人建议他投给《发现》杂志。果然，汤普金斯先生就此交了好运，有关他的故事从此源源而来。1939 年，第一本集子《汤普金斯先生漫游奇境记》问世了。此后近 30 年当中，伽莫夫共写了 22 本通俗科学读物（占其所有 26 本著作的绝大多数），还有 30 余篇普及性文章。它们覆盖了科学的很多领域：空间、几何、数、粒子、太阳、宇宙、引力、生命……这些作品被公认是第一流的，受到了公众的极大欢迎，被译成多种文字，一版再版。伽莫夫也因此被联合国教科文组织授予1956年度的卡林加科普奖。

伽莫夫之所以能取得如此成就，固然与他本人的经历与从事了许多科学变革和活动有关，但仅有这些还远远不够，他的成功之处可以大致归结为下面几个方面，这些总结值得任何试图从事科学普及的人借鉴与效仿。

首先，伽莫夫个人的生活背景与学习经历为他写出那些文笔优美、情节生动与富有戏剧色彩的科学性的作品提供了不可缺少的支持，他能用一个海盗故事来讲解复几何；把粒子赋予生命而让人直观地理解它的行为；甚至能将量子物理学的发展编排成一部《浮士德》短剧，其中的神父精灵、神怪竟是玻尔、爱因斯坦、狄拉克……同时，书中大量生动、富有情趣的插图都出自他的笔下。所有这些才能，无疑得益于伽莫夫幼年获得的历史、文学、戏剧、绘画等多方面的知识。书中充满了诙谐的语言、幽默的类比以及非常夸张的说法。这些特色都是地道的"伽莫夫式"风格，完全要归功于伽莫夫本人的气质与素养。

伽莫夫获得成功的第二个方面，在于他善于也乐于把科学通俗化、简单化。他曾总结说：

> 我喜爱以一种清晰和简单的方式看待事物，尝试着将它们为我自己加以简化，也学习如何为别人简化。

他的这种简化方式完全是以他思考科学问题的方式为基础的。科学，尤其是物理学的思想与核心是简单、质朴的，因而能够达到通俗的目的。事实上，伽莫夫向公众宣讲了科学的精神，正如他曾表示的：

> 我个人相信，如果我们更了解世界，我们应该发现它比我们猜测的更为简单，我总是简单性的信徒，自己也做个简单的人。

伽莫夫的作品对常人能具有非凡的魅力，还在于他能够掌握公众的最普遍需要——满足好奇心，对于"好奇心"在科研上的作用，伽莫夫曾大力推崇：

> 有人说，"好奇心能够把一只猫害死"，我却要说："好奇心造就一个科学家！"

这在伽莫夫的日常工作中，有充分的体现。他总是谈起他的想法——它们有百分之九十是不正确的，但他并不在意，因为研究的价值不在于得到正确的理论，而是提供激励他的"好奇心"目标。在作品中，伽莫夫力图使科学理论显得十分奇特，甚至不惜放弃它们的严格和准确。汤普金斯先生也正是具有极大好奇心的一个形象，尽管他智力平平，但他的好奇心与想象力帮助他理解了现代科学进展。这个形象表现出人类认识自然的过程。

伽莫夫乐于写出众多的科学读物，并得到成功，但他并不视此为自己的专业，他的兴趣仍然集中在科学前沿问题上，这些作品对他来说只能称作"副产品"。但是，从某种程度上来说，它们仍然是伽莫夫所不可缺少的。他曾说过：

> 持续的科学探索需要灵感和思想，令人振奋、好的新思想并非天天都有。当我没有新思想继续干下去时，我就去写一本书。

伽莫夫以此方式来保持和刺激他的旺盛的创造力与想象力，也算是他的秘诀吧。

但相反的一面是，这些通俗读物降低了伽莫夫在专家眼中的地位，在有些物理学家看来，伽莫夫因此"犯下了不可宽恕的罪行"，他的工作与成就也被一些人视为"虚夸""肤浅"，以及"往往属于昙花一现的性质"。这些看法也反映在对待伽莫夫的理论与他本人长期所受到的冷遇上，如他的学生阿尔法评论的：

> 伽莫夫的想法总是令人振奋，并在许多方面都超越他的时代，……他的亲密同事们都感到他在生前并没有得到合适的或充分的承认。甚至一些重要贡献至今未得到恰当承认。

伽莫夫在科学上的经历和成就，表明他从属于那类有点"业余的""古灵精怪的"科学家，这类科学家在科学高度专业化的今天，可能已不复存在，伽莫夫也许就是最后一人。他在如此众多的领域中留下的宝贵遗产，似乎让人觉得他从事的不像是 20 世纪的科学，而像是牛顿、达·芬奇、康德、富兰克林从事的科学。因此，伽莫夫留下的是大量没有最终归功于他的理论与新思想；或是人们渐渐可以看到，在他这一生的时间线上有多少丰富的思想重新提起，或是把他渐渐忘却。但无论如何，像他这样给人类带来如此之多新思想的人是鲜见的。正如天文学史家约尔广所评价的伽莫夫：

> 作为一个科学家和个人，具有引起争论的形象——受到尊敬，遭到贬抑；得到荣耀，却被忽视。

（作者：王树军）

豪特曼斯

传奇的德国科学家

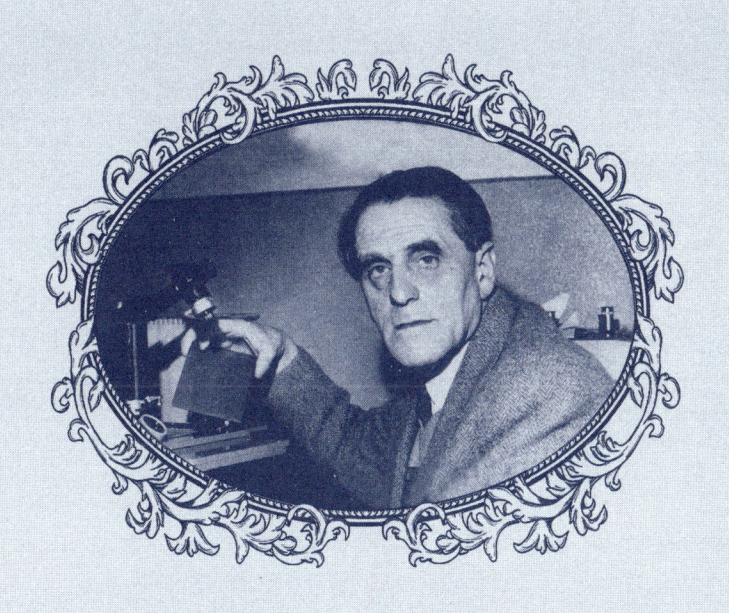

弗里茨·豪特曼斯
(Fritz Houtermans, 1903—1966)

豪特曼斯是德国著名的物理学家，在核物理、高能物理和核地质等方面，有过杰出的贡献。1929年，他与英国天文学家阿特金森合作，提出热核反应是恒星能源这一极有创造性的观点，1941年，他又独立地提出链式核裂变反应的可能性和机理。

豪特曼斯是一位非常有魅力和受人尊敬的人，这不仅是因为他在科学上作出了杰出的贡献，而且还在于他那富有传奇的经历，以及处变不惊的大无畏精神和无私待人的高尚品格。

一、梦幻般的早期经历

豪特曼斯1903年出生在德国的但泽市（即现在波兰的格但斯克市），他的家庭富裕而又充满书香味。父亲是一家大银行地方支行的董事长；母亲爱尔莎是维也纳第一个获得化学博士头衔的女性，后来在维也纳讲授文学、宗教、历史和哲学等学科。豪特曼斯是家中唯一的孩子，所以受到母亲的格外关照，使他从小就受到科学和文学的熏陶。豪特曼斯成年后所显出的睿智和令人捧腹的幽默感，与他早期受到的家庭熏陶不无关系。

1914年春天，豪特曼斯到维也纳读书。正是在这一时期，他对自然科学和数学有了极大的兴趣。在课余时间，他像英国的莫斯莱年幼时一样，着迷于收集各种各样的矿石标本。大自然的广袤深沉之美，常使他无比激动与流连忘返。豪特曼斯从小学起，就显示出他那超人的聪慧，无论是父母还是老师，都对他的未来编织了一个金色的梦。

1921年，18岁的豪特曼斯到哥廷根大学攻读物理学。这时，由于第一次世界大战带来的大萧条，他家里无法充分满足他读大学所需全部费用，他只好在假期到意大利的罗马去当导游。以他的气质和特有的幽默感，当导游是再适合不过的了。可不幸的是，由于引起了一位经不起"幽他一默"的大亨的不满，他很快又丢掉了这份差事。

1927年，豪特曼斯完成了他的博士论文，论文题目是《水银柱的荧光反应》。指导他写论文的是两年前才新获诺贝尔物理学奖的实验物理学家弗兰克。翌年，豪特曼斯正式获得哥廷根大学哲学博士学位。

正好在这时，豪特曼斯在哥廷根遇见了不久前才从苏联列宁格勒来的科学奇才伽莫夫。伽莫夫是来哥廷根参加一个夏季学习班。由于他们年龄仅相差一岁，加之两人在生活习惯上非常相似，都喜欢讲笑话，所以他们立即成了很要好的朋友。伽莫夫在他的自传中，还专门提到了他们之间的友谊。他写道：

> 我在哥廷根期间结识一位快活的朋友——奥地利血统的物理学家弗里茨·豪特曼斯，他刚刚获得实验物理专业的哲学博士学位，但谈论起理论问题总是兴致勃勃。……他是个地道的维也纳人，只要有个咖啡馆就能进行工作。

我始终忘不了他坐在那里工作的情景：手里拿着一把计算尺，桌上摊满纸，还有十几个空杯子。那时在德国咖啡馆里，要是你想再来点咖啡的话，侍者总是另拿一个杯子送过来，然后按空杯子结账。我们也曾试图在大学数学研究所使用老式的电动计算机（当然不是电子计算机），可是一过半夜总是乱了套，我们把这种干扰说成是高斯的阴魂又在故地重游。

在到哥廷根前不久，伽莫夫在做α半衰期的研究时，提出了一个创造性的见解：利用隧道效应来解释α衰变理论。当伽莫夫对豪特曼斯谈到他的这一想法时，豪特曼斯立即领会了伽莫夫工作的意义和价值，他还认为，这项研究必须在精确程度和详尽程度上作进一步提高。在两人充分讨论后，他们将上述理论应用到特殊核的情形，并合写了一篇论文于1928年10月寄出。

夏季学习班结束后，伽莫夫仍回到进修的地方哥本哈根，而豪特曼斯则去了柏林，在柏林工业大学工作。

到了柏林以后，豪特曼斯继续思考他和伽莫夫讨论过的课题。经过一番认真研究后，他提出隧道效应也可能实现它的反过程，这时原子核不仅发射α粒子，而且还可以吸收α粒子，并在吸收之后引起核反应。这实际上是一个核聚变最常见的例子，此后，正是在这一思想的基础上开始了核聚变反应的研究。

豪特曼斯似乎是很幸运的，在哥廷根他遇见了伽莫夫，在柏林他又遇到了英国天文学家阿特金森。阿特金森对爱丁顿的恒星理论十分熟悉,据爱丁顿估计,恒星内部的温度高达1000万摄氏度以上,而且它们的这种"燃烧"可以持续几十亿年之久。这种极其庞大的能量消耗,一直被科学家们视为一个谜,无法作出解释。当这两位青年人相遇后,他们认为,卢瑟福在卡文迪许所得到的核反应,也许是恒星能够长期燃烧的原因。他们认为,在恒星内部的高温作用下,恒星的原子核可以失去外围的电子保护而遭到摧毁,这是一种热核反应,热核反应释放的能量使恒星得以长期燃烧。

由于他们两位都是偏重实验、观察的科学家,对于理论处理缺乏技巧,于是他们写信给在哥本哈根的伽莫夫,请求他在这个研究课题的理论部分给予帮助。他们决定到奥地利阿尔卑斯山下一个小村子罗斯沃莱尔堡,一边滑雪一边讨论问题。

在伽莫夫的帮助下,阿特金森和豪特曼斯正式提出了核反应是恒星能量来源的不同凡响的思想。1929年5月,他们将题为《怎样用势锅来煮氮核?》的文章寄给《物理》杂志。可惜在正式发表时,这个生动的文章题目被改成一个平平淡淡的题目:《恒星中元素合成的可能性问题》,问号也被取消了。

写完这篇文章的那天晚上,豪特曼斯的心情极佳,于是带上女朋友夏洛特散步。后来他回忆说:

在那个晚上,我同一位漂亮的姑娘一起散步。当时夜幕已经降临,繁星闪耀着美丽的光芒。我的女伴感叹地说:"它闪耀得多么美丽啊!对吗?"我挺起胸脯郑重地说:

"从昨天起，我才懂得了它们为什么会发光。"

豪特曼斯原以为他的话一定会使心爱的女友大吃一惊，但她几乎丝毫没有受到触动，这不知是她深深陷入恋爱而不喜欢这些书呆子气的"情话"，还是她不相信他说的话。不过，谈到不相信，那当时科学界倒是真的没有什么人重视这两个年轻人的创见，更没有人想到，他们的理论进一步发展就直接应用到现在威胁人类安全的氢弹！

不过令人欣慰的是，这位可爱的女伴后来成了豪特曼斯的夫人，并与他一起经历了日后可怕的时代。

二、在英国和苏联的日子

1933年1月30日，魏玛共和国夭折，希特勒通过最卑鄙的阴谋，攫取了总理宝座。上台第二天，即1933年2月1日，希特勒就召开内阁会议，研究反共、限共的措施；2月2日宣布禁止共产党的示威运动，并封闭了共产党的报纸。2月27日，希特勒一手策划了轰动世界的"国会纵火案"，当天晚上就逮捕了一万多名反法西斯进步人士。

在这种日趋恐怖的情形下，豪特曼斯决定移民外国，这不仅因为他有四分之一的犹太血统，而且他还是一名共产党员。在党内，他的化名是斯特纳斯曼。

1933年夏天，他移居英国，在离伦敦不远的海斯一家电学和音乐仪器有限公司工作，这家公司的名称是"艺术大师之声"[1]。赫尔比希在他的《原子物理学家的戏剧》一书里，专门有一小节谈豪特曼斯在苏联的遭遇，他把这一小节加了一个小标题："奥菲斯[2]在地狱"。奥菲斯是希腊神话中的歌者，据说他的歌声可以使树木变弯，顽石移步，禽兽俯首。赫尔比希取这么一个小标题，不知是否意指豪特曼斯在这家"艺术大师之声"公司工作过的缘故。

在英国工作时，豪特曼斯那非凡的头脑又接连不断有许多了不起的想法。例如，他曾经想用实验证实爱因斯坦的一个假说，即一束光在通过粒子数反转的介质时，光束将被增强、放大。我们知道，正是爱因斯坦的这一假说奠定了日后激光发现的理论基础。可惜实验室里一台昂贵的变压器被烧毁了，而公司老板又不愿意再掏钱去买新的。结果，豪特曼斯没有机会去完成他自认是"一项重要的实验"。这真遗憾，要不然激光也许会提前 1/4 个世纪为他所发现。奥托·弗里什曾开玩笑地说："他可能是忘了给变压器送玫瑰花。"

英国的气候和环境，使豪特曼斯感到不甚愉快；再加上当时英国知识界，包括最保守的牛津大学，都普遍同情和向往苏联的社会主义，认为那是人类光明前景之所在。作为德国共产党员的豪特曼斯，想必更加向往社会主义苏联。因此，在 1934 年 12 月，他离开

---

[1] His Master's Voice.
[2] Orpheus，国内一般多译为奥菲斯。

英国来到苏联。

到苏联以后，他一直在位于乌克兰哈尔科夫的物理技术研究所里工作，这是苏联一个由国家主办的物理中心。在这里，豪特曼斯的才干和幽默感，使他结交了许多有才华的苏联科学家，其中朗道与他成了最知心的朋友。朗道不仅非常敬重豪特曼斯的为人，而且非常钦佩他的才干，他常常对自己的助手说："如果你们在核物理方面有什么问题，就去问豪特曼斯。"研究所里的苏联科学家，大多喜爱这一家德国来的移民，大家亲热地把豪特曼斯叫作"菲索"，把他的妻子叫"斯娜克丝"，他们的女儿被叫作"芭姆希"，1935年在哈尔科夫出生的儿子则被叫作"詹"。在这种良好的气氛中，豪特曼斯的创造能力得以充分发挥，他的杰出的研究成果受到了苏联科学院衷心的赏识。1937年，他还在科学院做了一个颇为成功的报告。

1935年到1937年，这一段时期一定使豪特曼斯感到满意和欣慰，他可以无忧无虑地和朗道、维斯伯格等一大群聪明的物理学家研究物理学最前沿的一些难题。对于科学家来说，有什么能比这更令人欢欣鼓舞的呢！维斯伯格后来曾多次怀着难忘的心情回忆那段美好的时光：

> 新物理定律的发现，好像是专为豪特曼斯和他的朋友特别设计的一种客厅游戏。听他的谈话，你就会感到全世界物理学家组成了一个小家庭，这个家庭的一些聪明人把沉浸于大自然的问题作为一种嗜好。在探讨中他不会感情

用事，并且由于他意识到正在为人类进步事业服务，所以他能宽容地微笑。

三、对核裂变研究作出贡献

由于受到政治因素的牵连，豪特曼斯一度受到监视，严重影响了他的科学研究。

在魏扎克和劳厄的帮助下，1941年元月，豪特曼斯在柏林附近一家私人实验室里谋得一个职位。如果我们回想一下纳粹对有犹太血统的人（更不用说还曾经是德国共产党员）残酷而恐怖的屠杀，就能充分体会到如果不是劳厄等人鼎力相助，豪特曼斯绝不可能有如此幸运的结局。

这家私人实验室是由富有的物理学家阿登纳男爵主持。阿登纳也在进行铀的研究，但他是为邮政部工作，独立于海森堡和陆军部之外。这种各自为政、互为壁垒的研究方式，在纳粹期间是普遍现象，各部门为了讨好希特勒，都竞相研究原子能。邮政部长奥尼索格将军私下认为，如果他这个非军事部门能为元首献上一件神秘的武器，那他的前途可就无可限量了。在这种心理驱使下，他拨了大笔款给阿登纳，让他建造一台100万伏的范德格拉夫起电机和两台回旋加速器。当豪特曼斯到阿登纳这儿工作时，这些设备正在建造之中，在没有建成之前，阿登纳让豪特曼斯先进行链式核反应的理论研究。

这种研究对于豪特曼斯来说是十分拿手的，早在1932年他就提出中子引起链式反应的可能性；在哈尔科夫，他又对硼、银和镉俘获热中子的截面进行过精密测量，这一测量确定了俘获截面与中子速度的关系。所以，阿登纳交给他的任务对他来说不在话下，但他对任何与军事有关的研究都抱有反感，不愿意做这种课题。可是豪特曼斯的处境是不允许他违反阿登纳的意愿的。那怎么办呢？好在他经历过种种危险局面，因而决定在当时条件下，最安全的办法是表面上积极合作，私下里将工作进展严加保密。

到了 8 月份，豪特曼斯就完成了一项极重要的研究，他为此写了一篇题为《关于链式反应的研究》的报告，由这篇报告可以发现，豪特曼斯已经独立地得到制造一颗原子弹所需要的全部基本概念。在报告中，豪特曼斯不仅讨论了快中子链式反应、中子减速、铀 235 和临界质量的大小，他还特别提到 94 号元素的生产。我们知道，这种人工新元素在美国也是 1941 年刚发现的，并把它秘密地称为钚（N_p）。94 号元素有一个同位素，即钚 -239，它在核裂变的能力方面与铀 235 相类似，可以产生链式核反应。但与铀 235 相比，钚 -239 有一个显著的优势，就是从铀中分离钚要比从铀 238 中分离铀 235 容易得多。由于这一原因，有关钚的资料是绝对保密的，所以它的发现者西博格直到 1946 年才发表该元素的资料。

豪特曼斯在报告中提到，在原子反应堆（德国科学家将反应堆称为"铀锅炉"）里可以产生 94 号元素。他写道：

取代分离 U^{235} 的方法，可以利用 U^{238} 俘获中子产生一个新核，然后这个新核又可以被热中子分裂。

豪特曼斯强调，用化学分离这种新元素是比较容易的。由此可见，"豪特曼斯独立提出了钚元素的重要性"，他还完全弄清了一定量的钚可以制成原子弹。公平地说，豪特曼斯这方面的成就，"并不亚于伟大的海森堡"。美国霍夫斯特拉大学科学史教授卡西迪在他的一本获"科学著作奖"的书中，曾郑重指出：

> ……到了 1941 年 8 月，由阿登纳管辖的研究所里，豪特曼斯得到了一个极为重要的结果，他从理论上证明，可以用钚取代铀 235……

但豪特曼斯不愿意让德国纳粹政府知道和注意到有可能制成原子弹的问题，为此，他在不引起阿登纳及其他人怀疑的情况下，尽量把自己的研究成果严加保密。后来，通过其他人的协助，又将这份报告锁到邮政部的保险箱里，没有让陆军部看到。豪特曼斯冒着极大风险，私下里同魏扎克和海森堡讨论过原子弹制造问题，他建议所有关于原子武器制造的关键方法，应该最大限度地保守机密，必须让政府各部门不知道原子武器制造的正确方法。正是由于他们的这种干扰措施，罗兹才说：

> 在 1941 年夏季之后，德国对原子弹研制的计划完全立足于铀和重水之上。

直到 1944 年，由于两方面的原因他才答应有限度地公布了他的文章：一是另外一名叫哈尔泰克的科学家在别人告密的情形下，公布了同样的发现；二是豪特曼斯已经相信，在德国每天有盟军空袭的情形下，想完成原子弹的研制已经是不可能了，即使提出研制原子弹的计划也不会被采纳或执行下去。

豪特曼斯的猜测十分准确，当邮政部长奥尼索格于 1944 年知道了豪特曼斯的"重要"论文后，他认为向元首献忠心的时刻终于来临了，于是在一次内阁会议上大谈原子弹的研究工作。不料希特勒粗鲁地打断奥尼索格的话，轻蔑地说："喂，诸位听听！现在大家都在考虑如何在这场战争中取胜，我们的邮政部长居然为我们带来了一个奇迹！他似乎有了一个现成的答案！"

1982 年，即豪特曼斯去世 16 年之后，维格纳曾透露一个惊人的消息，这使人们对豪特曼斯更加崇敬。据维格纳说，在费米领导的芝加哥大学小组于 1942 年 12 月完成第一次自持式核裂变实验很早以前，芝加哥小组收到了从瑞士传来的电报，电报内容是根据豪特曼斯的意思拟定的，电文是："赶快，我们找到了正确的路。"电报暗指原子武器的研究，在德国已有可观的进展。

四、"最幽默的人"

美籍德国裔物理学家埃尔萨塞曾经说过：

豪特曼斯是我见到过的人当中最幽默的人，他贮存着几乎取之不竭的故事和笑话。

一位名叫巴特拉的物理学家,还专门把豪特曼斯讲过的幽默故事收集起来,编成一本书,在1982年正式出版。

的确,如果我们在本文中不写下几个有关豪特曼斯的幽默故事,对于了解豪特曼斯来说,无疑是一个重大缺陷。伟大的英国作家司各特说得好:"幽默……它远远胜过诗人和作家的智慧,它本身就是才华,它能杜绝愚昧。"下面我们随便举几个例子。

豪特曼斯的妈妈有犹太血统,这在反犹太人的时期,对许多有犹太血统的人来说是一种非常可怕的思想负担,但豪特曼斯却不然,他常常以他母亲有犹太血统而自豪,他公开对人们说:

> 当你们的祖先还生活在森林里的时候,我的祖先已经在制造假支票了!

还有一个幽默故事,更是蜚声于科学界。我们知道,20世纪最杰出的科学家中,至少有7个出自匈牙利犹太人中产阶级,他们是:"航空和航天时代的科学奇才"冯·卡门、1943年诺贝尔化学奖获得者乔治·赫维西、意大利籍化学家波兰尼、"核和平之父"西拉德、1963年诺贝尔物理学奖获得者尤金·维格纳、"计算机之父"冯·诺伊曼和"美国氢弹之父"泰勒。

这么集中的英才会来自几乎带有乡间气息的匈牙利,这件事如同一个谜一样引起了人们的极大兴趣。豪特曼斯对这个所谓"卓越的匈牙利流亡者星系"提出了一个惊人的"学说"。他说,这些英才并不是地球上的人,而是从火星来的来访者。他们之所以冒充匈牙利人,是因为他们讲话时难免带有他们火星人的口音,而匈牙利人在讲任何外国语言时,都会带匈牙利的地方口音,这是世人皆知的;而且,匈牙利的卓越天才们几乎全都移居国外。因此这群"火星人"觉得冒充匈牙利人最安全,最不容易被人识破。

有一次豪特曼斯差一点为自己近乎玩笑的行为丢了命。豪特曼斯是一个"烟鬼",他几乎总是一根烟接一根烟地抽。到1945年初,当纳粹德国面临灭顶之灾时,烟叶供应非常不足,于是豪特曼斯想出一个鬼点子,他向管理核研究的纳粹头目埃绍说,从一种马其顿烟叶里可以提炼出重水,结果他弄到了一大袋烟叶。当他第二次搞到更多烟叶时,被盖世太保发觉了。为此,盖世太保的头目要处他死刑,幸亏又被劳厄和革拉赫及时营救出来。阿登纳开除了他,物理界的朋友们又为他在哥廷根第二物理研究所安排了一个职位。魏扎克还为豪特曼斯办了一个旅行证,使他可以自由地往返于哥廷根和柏林。

读完了这几个有关豪特曼斯的幽默故事,我们也许会更深刻地理解司各特的那句名言吧!

(作者:杨建邺　刘　明)

弗里什

物理学界的能工巧匠

奥托·罗伯特·弗里什
(Otto Robert Frisch, 1904—1979)

当年尼尔斯·玻尔曾经自称，他是像一个哲学家和一个巧匠那样对物理学产生兴趣的，而移居英国的（系德国犹太人）理论物理学家派尔斯爵士则写道：

> 弗里什把巧匠的手法带入了物理学。他最喜欢的是亲手做一些以简单的基础问题为目的的实验，而且常常更愿意使用自己设计的仪器。这种办法要求人们有一种能够简单然而却是深入地思索物理学重要问题的能力……这位巧匠在某种意义上也是一位艺术家，这不仅表现在他对音乐的爱好以及他作为一个钢琴家和小提琴家的技巧和品位中，而且也表现在他对语文的运用中……

弗里什确实是一位很有特点和很值得研究的人物。他多才多艺，幽默乐观，一生留下了很多轶事。在核科学的发展中，他不止一次地起到了关键性作用。他一生到过许多地方，因此在他的回忆录《七十琐忆》以及在派尔斯为他所写的传记中，都按照他在各地停留的次序记述了他的生活和工作。本文也将按照这种次序，对他的生平事迹作一简略叙述。

一、在维也纳和柏林

奥托·罗伯特·弗里什于 1904 年 10 月 1 日生于奥地利首都维也纳。他的祖父是来自波兰的犹太移民,在维也纳经营一家印刷厂,首创了为法律界人士印制报表之类的业务,但因慷慨好施而终于破产。

弗里什的父亲是一个很有聪明智慧的人。他兴趣广泛,思维敏锐,擅长水彩画。他在维也纳大学获得过法学博士学位,经常到意大利等地旅行,推销自己的画作。他本来打算在意大利再攻读一个艺术博士学位,但学业未成便因父亲的工厂破产而辍学。他接手并复兴了那个工厂,若干年后才把它卖给了合伙人。他的儿子弗里什出生后,他在儿子还很小的时候就教给了他许多学识,包括数学方面的知识。弗里什后来也擅长绘画,许多速写画在物理学界颇为有名。

弗里什的母亲原姓迈特纳,是一位律师的八个子女中的老二,老三就是后来成为著名女物理学家的丽丝·迈特纳。弗里什的母亲很有音乐天赋,12 岁时就能在音乐会上公开演奏钢琴,后来当过职业钢琴家。她还学过作曲和指挥,写过一些交响乐之类的作品,和维也纳的许多音乐名人有过接触。结婚之后,她便放弃了音乐职业,只偶尔在家庭中演奏。

弗里什自幼有"神童"之誉。他学会说话、识字、算术等都比一般儿童要早。他能很快意识到许多问题的答案。上中学时,教师从来不叫他到黑板上去做题,因为人们相信多难的题目也难不倒他。当还差两年毕业时，他竟担任了比他高一年级的毕业班的数学辅导，教给那些同学们"如何用正当的办法和作弊的办法"去通过毕业考试。

1922年，当弗里什即将中学毕业时，德、奥等国出现了可怕的经济大动荡，如所周知，这种大动荡给德国学术带来了极大的困难，并且在政治上终于导致了希特勒的上台。当时德国马克大约每三天贬值50%。弗里什自称，当时他辅导了一位同班同学的数学课。他想了许多办法，编了一些帮助记忆的歌诀，最后那位同学以比预想更优异的成绩通过了考试。同学的父母很高兴，加倍地付给了他报酬。他不舍得花这笔钱，把它保留了几个星期，于是几个月的劳动所得最后只能买一支最普通的木杆铅笔了。

弗里什于1922年进入维也纳大学，主修物理学，兼修数学。在著名的《量子物理学史档案》中，有一份对他的采访记录（1963年5月8日）。当托马斯·库恩问他，既然那么爱好数学，为什么却主修了物理学时，弗里什回答说，他爱好数学只是为了有趣，从来不曾把数学和物理问题联系起来，他所喜欢的是诸如数论和拓扑学之类的东西。在库恩的提问下，他叙述了当时维也纳大学中物理学的教学和研究的情况，那情况是相当原始与落后。库恩问他，为什么当时他的三姨迈特纳没有引导他去研究原子核，他说他确实不知道。后来库恩说，也许迈特纳觉得维也纳的条件太差，才没有劝他参加那方面的工作，他说很可能是那样。

按照当时的学制，学生上四年大学就可以考取博士学位。弗里什于1926年在维也纳大学获得了哲学博士学位，论文研究的是关于

"阴极射线对盐类的褪色作用"的问题，导师是普里布拉姆教授。

就在弗里什大学毕业前后，他听到了关于薛定谔波动方程的消息。后来他说，这是他知道新量子力学的开始；在此之前，他对海森堡的矩阵力学毫无所闻。

大学毕业以后，弗里什在一个私人工厂中工作了一年。然后，可能是由于导师的推荐，他接受柏林的"物理技术局"邀请去那里工作。当时他的三姨迈特纳已在柏林，人家当然会向她了解弗里什的情况，但是她为了避嫌，一直不肯表示任何意见。最后人家疑心起来，就问她，"他是不是一个很难缠的人？"她说："难缠的人？他不是的。"这就是外国正派学者对待自己的亲戚的态度。

弗里什于1927年到达柏林，在他三姨的住处附近找了自己的住处。在柏林的3年中，他从迈特纳那里受到了有益的影响。他的本职工作是在光度学方面，并不多么有趣。但是他经常参加物理学会的定期讨论会，受到了先进科学的熏陶。他也把许多业余时间花费在本单位的实验室中，去检验自己的一些想法。他后来回忆说，他从小没有养成博览群书的习惯，总是听见别人说到一个什么问题，灵机一动就自己去干。他说，这是一种很"浪费"的办法。

弗里什本来认为自己适合做工业领域的工程工作，柏林的职业使他开始转入了科学。但是他说，只有在到了汉堡以后，他才有更多机会学习和从事科学。

二、在汉堡

弗里什在柏林的职位是接受资助的临时性工作，大致相当于现在的"博士后"。当资助即将到期时，他的一位长辈同事普林舍姆教授邀请他到自己的实验室中去协助工作，并且不久又把他推荐给了汉堡大学的斯特恩，于是弗里什就于1930年到汉堡当了斯特恩的研究助教，这是他的第一个正式科学职位。当时普林舍姆对弗里什作了极高评价，因为不久后当他又向斯特恩推荐另一个青年人时，虽然普林舍姆对那个青年人评价也很高，然而却补充说，"但这并不是另一个弗里什"。这个评语使迈特纳感到高兴，她写信把此事告诉了弗里什。

斯特恩是研究分子束的专家，擅于设计新的实验，能够准确地想象实验的细节和结果，但他不擅于亲自动手做实验，具体的实验操作都要在他的指导下由别人动手去做，有点"君子动口不动手"的风格，这当然并不会降低他在科学领域中的地位，但他也因此离不开适当的实验助手。而弗里什因为没有经过德国大学普遍要求的"大学授课资格"考核，所以不能在大学中正式开课，他在汉堡大学的任务就纯粹是协助斯特恩设计实验和操作仪器。

弗里什初到汉堡时，看到斯特恩的那一套仪器大有如入五里雾中之感。那种真空装置非常复杂，但见玻璃管林立，"像篱笆上的桩子一样"，阀门到处都是，而且操作过程也很繁复。但这难不倒弗里什，他很快就适应了工作，并且开始取得成果。

在汉堡3年，弗里什共完成了十几篇论文，其中绝大多数是和别人联名发表的。他后来回忆说，当时汉堡的工作在全世界是独一份儿。他们从容不迫地做实验，从来不怕被别人抢到前面去。他解释说，关于分子束的研究，如果斯特恩是老祖宗，那他自己则是紧随其后一辈的人,后来凡是做这种工作的,都可以按照谱系追溯到斯特恩那里去。

弗里什在汉堡完成的最后一篇论文验证了原子发光时的反冲现象。他在论文结尾处表示,研究肯定还能给出更加满意得多的结果,但是"由于外部的原因",实验不得不停止了。

什么"外部原因"?那就是希特勒政府的"种族法"。弗里什说,一般他其实并不太关心政治,认为政治上的风云变幻和自己无关。当希特勒上台时,他还认为德国人仍会照常过日子。但是不久他就发现,原来希特勒的排犹主义要"动真的"了。在汉堡,斯特恩本人是犹太人,他手下4个助手中有3个是犹太人。按照希特勒的"法令",这些人都必须从大学中被清除出去。这对斯特恩当然是很大的压力。他本人有很高的声望,而且很有钱,也不愁在国外找不到工作。但是他必须为自己的助手们想方设法解决职位问题,这在当时也并不是一件容易的事。为此斯特恩曾亲自去巴黎,希望把弗里什推荐给居里夫人的实验室,但是居里夫人那里没有空位子,后来还算不错,他终于把弗里什推荐给了英国科学家布莱克特。

三、在伦敦

英国那时也正遭受着经济不景气的折磨,失业情况很严重。但是一些学者不顾同行竞争的威胁,拿出钱来成立了"学术支援委员会",以帮助在德、意等国受到迫害的知识分子。弗里什在伦敦就是拿的这种资助。

弗里什于 1933 年 10 月离开汉堡到达伦敦，在布莱克特的协助下很顺利地办了入境手续。当时布莱克特手下"几乎没有英国人，而且事实上是几乎没有任何两个人具有相同的国籍。我们常常开玩笑地说我们是'国联'"。当时他们的同事中还包括德国共产党员豪特曼斯。此人脾气很怪，一生坎坷，是一位传奇式人物。豪特曼斯的母亲是犹太人，他常常以此自豪："当你们的祖先还生活在森林里的时候，我的祖先已经在制造假支票了！"英国人吃羊肉较多，于是豪特曼斯就宣称，英国人是一个可怜的民族，他们靠吃"毛纺工业的下脚料"为生。

弗里什在伦敦主要利用云室进行了放射性方面的研究。1934 年初，法国人发现了人工放射性，引起了颇大轰动。喜欢创新的弗里什改进了云室的结构，很快找到了两种新的人工放射性同位素。他把实验结果写成文章，布莱克特立即打电话推荐给《自然》杂志发表，结果只过了 6 天，文章就发表了。弗里什说这种速度可能是"一个世界纪录"。

弗里什取得资助的时间为一年，因此他在英国的停留只是一个过渡阶段。他自己谈道，一年的时间当然并不足以使他熟悉英国，但是至少使他了解到，除所熟悉的德国生活方式以外还可以有别的生活方式，同时这也使他有机会开始学习英语。1934 年夏天，玻尔访问了英国，可能布莱克特和他谈到过弗里什的工作问题，结果导致玻尔直接找到弗里什，邀请他到哥本哈根工作。他对弗里什说：

你一定要去哥本哈根和我们一起工作。我们需要那种能够实际实现假想实验的人。

他这是指弗里什在汉堡所做的最后一件工作，即关于光子的发射对原子的反冲验证。在此之前，人们只是当作"假想实验"来讨论过这种实验。玻尔的这种评价，以及他那种雪中送炭式的邀请，使弗里什大受感动，他满心激动地接受了这个邀请。

四、在哥本哈根

玻尔的理论物理研究所（UITF）是一个很不一般的学术机构。它孕育并发扬了所谓的"哥本哈根精神"，那是一种活泼愉快、奋发向上、不拘形式和充分民主的治学态度。当玻尔健在时，凡是到过研究所中的人，几乎无例外地都对他的为人、对他的研究所和对哥本哈根这座城市保持了亲切的印象和深厚的感情。弗里什尤其如此，他的性格似乎和那里的气氛特别合拍，因而他很快就成了所谓"哥本哈根家族"中的重要成员，成了研究所中非常活跃的人物。他留下的许多轶事至今脍炙人口。

刚到哥本哈根不久，人们通知弗里什说伽莫夫要作一个学术报告。他问报告用什么语言，人家说用丹麦语，但是"不用担心，你能听懂"。弗里什感到奇怪，因为他那时对丹麦语还一窍不通。但是事实证明他还真"听懂了"，因为伽莫夫的丹麦语中夹杂了一些英语和德语的单词，而且讲演时指手画脚，并画了一些"挺逗的图画"。

接着弗里什就开始学习丹麦语，而且过了不久他就在讨论会上用丹麦语发言了。那时人们说，"弗里什大约刚学了二十来个丹麦语单词，但是他使用起来就好像他已经会了许多一样"。当然，后来他的丹麦语学到了能够顺利交谈的程度，但是当地人的聊天他还是听不懂。

刚到丹麦时，弗里什仍然做的是研究放射性同位素的工作。不久就转入了关于中子和原子核的"碰撞"的研究。这种研究是由罗马的费米开始的，玻尔的研究所也紧紧跟上，并做了许多重要的工作。当时一些最新报道都是用意大利文，而弗里什是研究所中少数懂得意大利文的人员之一。因此，每当拿到了新资料，人们就催着他赶快译成英文。

在这个研究所中，弗里什亲身经历了玻尔的"复合核"（Compound nueleue）概念和核的"液滴模型"（liquid-drop model）的提出和形成。他对这些发展进行了有声有色的描述，但是由于他不太注意历史细节，他的回忆也偶尔有不够准确的地方。

如所周知，自从在 1936 年正式提出以后，玻尔的复合核概念和核的液滴模型在一段颇长的时间内成了原子核研究的最重要的理论指南。它解决了许多问题，其中最值得注意的就是它在理解重核的裂变方面所起的作用。

关于人们发现重核裂变现象的过程，历来有许多不同的说法。有的人把它完全归功于德国人哈恩，而玻尔则特别重视迈特纳和弗里什所起的作用，也有另一些人更多地注意某些科学家在美国所做的工作。事实上，哈恩只是发现了现象，并没有确切地认识到现象的机制。迈特纳和弗里什在玻尔理论的指导下，最初在哈恩实验资料的基础上意识到了现象的物理机制，而且弗里什也最早通过物理实验证实了裂变产物的存在。至于美国一些大学中的工作，那是人们在听到了迈特纳和弗里什工作的消息以后连夜赶出来的，它们也不可忽视，但其重要性毕竟差了一个等级。

迈特纳和弗里什是在 1938 年的圣诞节期间阐明了裂变机制的。当时奥地利已被纳粹德国所并吞，弗里什的国籍和护照都要改换。他在丹麦的居留也开始成了问题。事实上，丹麦警方已经开始对他的居留感到为难，玻尔从中进行了斡旋，而弗里什却并不知道。尽管如此，时局越来越不稳，战争一触即发，以致连本来不太过问政治的弗里什也日益感到压力了。因此，他说，他那时还在进行着科学研究工作，但已经不能像从前那样心无二用了。每当有英国人到研究所来访问时，他就向人家明确地谈到自己的担心，并探询回到英国去工作的可能性。最后，他在一个偶然的机会下离开了他所热爱的哥本哈根。

五、在伯明翰

1939 年夏天，英国伯明翰大学的物理系主任奥里凡特邀请弗里什去英国度暑假，顺便商量弗里什的工作问题。弗里什携带简单的行李"像一个旅游者似的"到了伯明翰。事有凑巧，奥里凡特那里刚刚有了一个助教的空缺（有一个青年人离开了），于是他就把这个位置给了弗里什。暑假期间，弗里什在伯明翰无所事事，但是他不敢回哥本哈根，因为战争随时可能爆发，那他将成为"敌侨"而不可能再入英国境了。果然，正好暑假结束时，战争就在欧洲正式爆发了。于是他在哥本哈根的朋友们就替他处理了他留在哥本哈根的私人物品，包括刚刚付款一半的一架钢琴。

当时奥里凡特的物理系正在全力研究无线电定位（即后来的雷达）技术。这是军事秘密，"敌侨"们是不能参加的。但是弗里什后来说，大学里的所谓"保密"也只是官样文章，其实他们都明白奥里凡特正在干什么，而奥里凡特也知道他们都明白，大家只是心照不宣罢了。

弗里什在伯明翰大学的本职工作是负责普通物理课的"答疑"。除此以外，他当然还想做一些研究工作。雷达的研究既然没他的份儿，而他又刚刚在裂变方面取得了重要成果，他当然就希望继续进行关于裂变的研究。当时的条件很不理想，器材极端缺乏，零件加工排不上号，但他还是克服了种种困难，又一次在核科学的发展中起了关键性作用——这一次是率先论证了制造原子弹的可能性。

弗里什在伯明翰的重要收获之一是认识了派尔斯。派尔斯也是在德国出生的犹太人，他的夫人是俄国人，他自己是理论物理学家，在英国也是"敌侨"。弗里什初到伯明翰时自己租房住，后来一度住在派尔斯家，和派尔斯混得很熟。

起初，当弗里什还在哥本哈根时，玻尔曾经和包括惠勒在内的另一些青年科学家更深入一步地分析了刚刚发现的重核裂变过程。根据当时还很有限的实验资料，玻尔得出了很不寻常的结论：在哈恩的实验条件下，由中子诱发裂变的不是普通的同位素铀238而是稀有的同位素铀235（和更稀有的铀233）。根据这种认识，玻尔从几个方面论证了链式反应和核炸弹的不可能性。

弗里什企图验证玻尔有关铀同位素之裂变性能的结论。他试图用"热扩散"的方法来改变同位素的浓度，但是由于偶然的原因而没有得到正面的结果。尽管如此，他仍然心心念念地想着裂变及其潜在可能性的问题。

这时化学会的年度报告需要一段有关裂变的内容，邀请弗里什执笔。在这篇稿子中，弗里什仍然追随了玻尔的思路，着重论证了爆炸性链式反应的不可能。

但是，关于分离同位素的进一步思索使他考虑了利用纯铀235的后果。他很粗略地估计了形成爆炸性链式反应所必需的纯材料的最小数量，那不是几吨而是只有一磅左右。他和派尔斯商讨了这种情况。他们觉得，既然他们想到了这一点，某一个德国人很可能也已经想到了这一点。那么，希特勒拥有原子武器的危险就是一个很现实和很紧迫的问题了。

他们觉得应该把此事通知英国当局。奥里凡特给他们指出了联系的门径，于是他们就联名写了一份报告，共2.5页打字纸的内容，交给了有关方面。在此以前，英国决策当局也有人提到过原子弹的想法，但是由于受到玻尔的否定说法影响，人们还没把它当回事。弗里什和派尔斯的报告使人们警觉起来，于是有关当局很快就成立了"茅德委员会"（MAUD），这就是"原子能委员会"的代号。从那时起，研制原子武器的工作才开始在英国正式"上马"。又过了一段时间，才形成了英、美、加三方合作的局面。

一开始，人家还不让弗里什和刚刚入了英国籍的派尔斯参加

"茅德委员会"，但是过了不久，这种禁令就被废除了。同时，为了更好地进行这方面的工作，弗里什也离开了伯明翰。

六、在利物浦

弗里什于 1940 年 8 月间转往利物浦，在物理学家查德维克手下工作。作为原子弹研制工作中的一员，弗里什继续研究了同位素分离和各种元素对中子反应的截面。当时利物浦对"敌侨"是禁区，查德威克为他办理了特许证。弗里什在利物浦听到了平生第一次空袭警报。当时英国已处于战争状态，有许多防空规定，例如市民夜间不得骑自行车上街等。为了工作的需要，查德威克又为他办了骑自行车的许可证。

弗里什在利物浦设计了分析已富集的少量铀样品的实验方法，设计了专门仪器。当时他需要数以百计的电子管，他觉得这大概是过高的要求，但是当计划报上去时，查德威克却立即批准了，而且还提议了更有效的办法，即不用弗里什自己制造仪器，而把它交给一个工厂去制造，弗里什只要负责仪器调试就行了。

在此期间，弗里什也到过剑桥和牛津等地。到了 1943 年的下半年，有一天，查德威克走来对弗里什说："你愿意到美国去工作吗？"弗里什说："很愿意。"查德威克说："但是你必须成为英国公民。"弗里什说："我更愿意。"于是他开始了申请加入英国籍的流程。通常，这种申请是很麻烦和旷日持久的。但是这一次英国人却打破了官僚主义的"常规"。弗里什说："于是事情就开始以令人发狂的速度进行起来了。"不久来了一个警察，记下了弗里什的个人情况和"社会关系"。他对弗里什说:"你一定是一个相当重要的人物,我得到命令要在一星期之内把这事办好。"然后弗里什去了伦敦,由"茅德委员会"改组而成"管材合金委员会"的女秘书把他支使得团团转。弗里什上气不接下气地跑了许多单位,于是在48小时之内,护照、签证,一切就都办好了。事实上,英美当局为这些人员的入籍问题做了特别的安排。于是,在1943年11月间,弗里什就和另外一些科学家乘船离开英国到美国去了。弗里什说,那艘轮船可能装载了曾经跨越大西洋的"最大的科学脑力货物"。

七、在洛斯·阿拉莫斯

英美联合研制原子弹的计划曾经酝酿了好几年,中间也有过一些争议,断断续续,直到1943年才最后拍板。弗里什他们正是在这种背景下去的美国。当时美国人在沙漠地区的荒野中建立了科学研究基地,那就是后来大名鼎鼎的洛斯·阿拉莫斯国家实验室。

据说弗里什在美国上岸时曾经引起移民局官员的怀疑。他的名字完全是德国式的,说话带德国口音,而拿的英国护照又是全新的。当然,这种下级官员的怀疑绝不会给弗里什带来任何麻烦。他在英国过惯了战时的灯火管制生活,两年之内"没见过一个橘子"。初到美国,看到满街的水果摊,而且到处灯火辉煌,使他颇有冰火两重天的感触。

关于洛斯·阿拉莫斯国家实验室的工作情况,人们已经谈论得很多了,在此不再详述。那里的人们被分成一些小组,每组十数人或数十人不等,在一个组长带领下进行工作。弗里什刚到那里时并不属于任一小组，而是到处巡视，帮助人们解决仪器方面的问题。后来，当获得了足够的裂变材料（即铀235和钚）时，就有必要测定确切的"临界体积"，也就是刚刚足以维持链式反应的体积。这是一种"玩命的实验"，费曼说那就像"去摸一条睡着的龙尾巴"一样的危险，因此人们就把它叫作"龙实验"。弗里什担任了实验小组的组长。在实验中曾有两次只是由于某人的非常小的疏忽就造成了重大事故，虽然没有发生爆炸，仅仅由于放射剂量过限就先后使两名科学家丧生。弗里什本人也经历了千钧一发的危险，只是由于他反应够快才没有造成严重后果。他们的工作为原子弹的最后完成提供了宝贵数据。

洛斯·阿拉莫斯的工作和生活是紧张的，但是也还有不少的空闲时间可供爬山、散步、滑雪和演奏音乐。弗里什是一个天性活泼的人，他很快地会见了许多老朋友并结识了许多新朋友，还在一些家庭中找到了可供他演奏的相当不错的钢琴。当研究基地有了自己的广播电台时，他应邀在电台上按时演奏钢琴。因为广播在基地外面也可以听到，但他的名字又不便公开透露，因此广播员一直简单地把弗里什叫作"我们的钢琴家"。在一次音乐会上，当他演奏了钢琴以后，有人议论说：

这家伙搞物理根本就太屈才了，他应该搞音乐。

基地上排演过一出戏剧，按照剧情，当开幕时，舞台上应躺着几个被毒死的人。导演邀请了一些著名科学家来扮演这些死尸，其中也有弗里什。当剧终谢幕时,那些"死尸"也出现在幕前。别的人有的扭扭捏捏,有的面带苦笑,而弗里什仍然装得像一个"僵尸",走路腿发直,两臂弯曲而不自然地摇摆,因此人们说他是"最棒的死尸"。

战争结束以后,人们纷纷离开。在离开之前,英国人举行了盛大的告别联欢会,会上演出了英国式哑剧,弗里什在剧中扮演了一个印第安姑娘,表演非常成功。

在那样的一个研究集体中,当然也免不了开会。当在会场上感到无聊时,别的人只是用铅笔在面前的纸张上画些无意义的曲线,而弗里什则常替别人画像。他的这些速写被部分地保留了下来,全都很有水平,很好地表现了所画科学家的特点。基地上举行过一次"义卖会",大家各尽所能进行"义卖"。有一位女士装成吉卜赛人给别人"看相",而弗里什则在那里当场卖画,每张 0.25 美元。他后来说,他本来想给他的同事们画些像,但一到那里就被孩子们包围了,他们排起队来要求画像,有的孩子还不止排一次队。他准备的纸和铅笔很快就用完了,于是就组织孩子们担任运输队去取纸笔。那一天他为"义卖会"挣了不少美元。

八、在哈威尔和剑桥

弗里什于 1946 年初离开美国回到英国的哈威尔,担任了刚成立不久的"原子能研究机构"(A. E. R. E.)的核物理部的主任。这是一种行政职务,地位大约相当于大学教授。在此期间,他研究了链式反应中的统计涨落问题,他自称这是平生做过的最有雄心的计算工作。他对行政事务不感兴趣，都推给他的副手去做。事实上，由于机构还在建造中，他有一段时间住在伦敦；搬到哈威尔后工作也还没有全速展开，因此他在这一期间比较悠闲。

弗里什在哈威尔工作不到两年。在 1947 年，他就被邀请到剑桥去当教授。起初他很犹豫，觉得剑桥的工作也许太紧张。征求朋友们的意见，多数人都不置可否。后来查德威克说，"只有傻瓜才会拒绝"，这才使弗里什下定了决心。

剑桥的卡文迪许实验室，曾经是核物理学的著名研究中心之一。后来人们的兴趣转向了晶体结构和生物物理学等方面，核物理学就相对衰落了。当时英国的一些大学都已开始建造大型加速器，而剑桥却筹不到足够的资金，这和剑桥大学的地位不很相称。剑桥选择当时已成为著名核物理学家的弗里什来当教授，未尝不是希望让他振兴那里的核物理学。

但在这方面人们注定是要失望的。弗里什天生不是一个"领袖人物"，他个人其实在很大程度上也不太喜欢像加速器那样巨大的仪器，而更乐于自己或和少数人在一起做些"巧活儿"。他在剑桥工作和生活了 30 多年，设计了一些很有趣的仪器，但始终都没能把实验室带领到"大物理学"中去。

弗里什是一个家庭观念很强的人，特别是表现在对晚年父母的照顾上。早在 1938 年春天，当希特勒吞并了奥地利的时候，他父亲曾被送进集中营，经过弗里什的努力，动员了包括玻尔在内的许多人进行营救，最终父亲被放出来并移居到瑞典，还在那里找到了一份编辑工作。1948 年，父亲退休，弗里什又将老夫妻俩接到英国来一起生活。虽然没过多久,老父亲就病逝了,但他已算尽了孝道。母亲也体弱多病,仍喜欢时不时地弹弹钢琴,弗里什总是陪伴在侧。两年以后,就在她逝世前几个月,年过不惑的弗里什结了婚,让一直放心不下的老母亲见到了新娶的儿媳。在这最后的日子里,婆媳相处很好,也算了却了母亲心头的一件大事。

弗里什夫人名叫尤尔苏拉,出生于维也纳,是一个很有成就的摄影艺术家,本来在伦敦工作,于1951年和弗里什结婚后到剑桥。他们在一起生活了近30年,育有一女一子,女儿后来学社会科学,儿子则子承父业学了物理学。

当弗里什的三姨、著名女核物理学家丽丝·迈特纳在瑞典退休后,也让弗里什在剑桥替她买了房子并搬到了剑桥来居住。她在那里生活了八九年,将近90岁时病逝。

弗里什一直生气勃勃,对生活充满了兴趣。但是他在1979年不慎摔伤,过了不久,就于当年的9月22日在医院去世,只差几天没满75岁。

九、几点总结和补充

1. 弗里什一生发表学术论文60多篇,通俗性的文章近70篇,通俗科学书籍4本,回忆录1本,书评17篇。他文笔流畅,说理明晰,能用很简明、形象的语言阐述复杂的道理。特别是他的通俗性著作写得非常幽默生动,趣味盎然。

2. 弗里什和自己的三姨迈特纳最先阐明了重核裂变的物理实质,并且仿照生物学中的细胞分裂现象,引用了"裂变"(fission)

一词。不久以后,他又和派尔斯一起论证了大规模释放核能的可能性。这是在核科学的发展中很关键的两步。在英美研制原子弹的过程中,他也作出了很大的贡献。

3. 弗里什于1948年被选为英国皇家学会会员,是剑桥大学三一学院的终身院士(fellow)。他性格开朗,平易近人,一生都很少和别人发生冲突。

4. 弗里什对政治没什么兴趣,也不太注意哲学思维,没有写日记的习惯,不太关心历史细节。因此他的回忆录中一些关于历史事件细节方面的叙述,往往有不确切的地方。

(作者:黄纪华)

奈尔
科学家和科研－生产联合体带头人

路易·奈尔

(Louis Eugère Felix Néel, 1904—2000)

1970年诺贝尔物理学奖获得者之一是法国物理学家路易·奈尔。奈尔是以其在磁学领域的多项工作而获得了这项举世公认的物理学最高荣誉的。然而,奈尔不仅是一位对物理学基本问题有深入研究的科学家,他还成功地创立和领导了一个富有成绩的科研团体,同时他也是一位出色的科技开发企业家。奈尔的工作对二战以后法国物理学的振兴和尖端科技的发展产生了重要影响。他的成功也提供了国家经济发展时期科学家成功道路的一种可借鉴的模式。

一、良好的启蒙教育

1904年奈尔出生于法国东南部城市里昂。他的父亲L. A. 奈尔是法国政府的文职官员,曾在法国本土、海外领地及殖民地的许多地方任职,做过收税员、监察员,也任过地方登记局局长,后被授勋,并获得相当高的官阶。奈尔说,他的父亲"受过很好的教育,热爱历史、文学和哲学,有极深刻的道德价值观"。他谈吐简明扼要,愿与人进行长时间的讨论,但是,他不太喜欢精确科学,不愿从事动手的工作。奈尔的母亲M. A. 奈尔是里昂著名的哈特梅耶家族的成员。她受过完善的中学教育,对于她那个时代的女子来说,这是很少见的。父母的教育程度对奈尔的早期教育影响很大。奈尔上小学时,母亲经常辅导他学习,帮他做拉丁语翻译。母亲的性格和父亲形成非常鲜明的对比，她喜爱音乐和绘画，善于制作精美的刺绣制品，喜欢动手，十分聪慧干练。由于父亲的频繁调任，奈尔随父母到过很多地方。据奈尔的母亲说，他的父亲一生调任 17 次之多。这使奈尔有机会了解到许多不同地方的风土人情与文化，开阔了眼界。受父亲的影响，奈尔对历史和法学有极深的爱好，但他喜欢缄默，不善言辞，不好争论。奈尔说：

不能想象，一位科学工作者把他的时间花在谈话上。

受母亲影响，奈尔喜欢手工活动和绘画艺术，还接受了一些宗教规则的训练。

童年时期，奈尔的一位舅舅约瑟夫和他关系十分亲近，也对他产生了直接的影响，舅舅教给他许多新奇的知识。当在外祖母家所在的小城居住时，人们只有在洗礼和婚礼时才有机会照相，幼小的奈尔感到很稀奇。约瑟夫懂得照相技术，他将这一技术的原理细心地讲解给奈尔，并和他一起动手照相、洗相片，在以后的许多年里奈尔还经常动手洗相片。舅舅真正的职业是钟表修理，曾在瑞士拜名师学艺。同样，奈尔在整个青少年时期也十分着迷于钟表技术。渐渐地，他对乡村用的大钟已很在行，清洗、擦油、修理，还能根据图纸制作。这方面的实践激发了他对科学技术的兴趣，也培养了他的动手能力。

奈尔的业余爱好十分广泛，他热爱多种体育活动，尤其喜欢骑自行车远足。他还喜欢细木工制作，喜欢厨艺。他阅读书籍的范围极为广泛。

1913年9月，奈尔的父亲到阿尔及利亚的君士坦丁任职，奈尔和父母一起在那里住到1919年春天，完整地躲过了第一次世界大战。在君士坦丁奈尔接受了初等教育，进入一所按法国教育体系设立的中学，主要学习了数学、西班牙语、德语、拉丁语和生物等课程。奈尔文科的学习成绩十分突出，算术是他的弱科。课外他还读了许多书籍，法国著名科幻作家儒勒·凡尔纳的小说给他留下了深刻的印象，尤其是书中描写的那些奇妙的装置常常使他激动异常并引起无限遐想。

1919年，奈尔的父亲调任突尼斯东部的斯法克斯，奈尔留在法国，准备参加中学毕业会考。这一年夏天，奈尔在里昂的公园中学注册读高中二年级。里昂是法国的著名大城市，公园中学是当时里昂最著名的中学之一，学校的管理十分严格。奈尔很快就适应了环境，学习成绩逐渐进入前列，并养成了严格遵守时间的习惯。

正是在这一时期，奈尔的兴趣开始从人文学科转向自然科学。当时科学技术取得了很多惊人发展，如航空技术的发展，而这些成果通过包括无线电广播的各种渠道广泛传播，引起了奈尔的注意，他的阅读内容也发生了变化，他更多地选择与科学技术有关的书籍。在里昂，每逢有科学和工业技术革新的展览，奈尔都前去参观。学校的教学也促进了他的这一转变过程。奈尔遇到了一位十分有经验的数学老师，这位老师对学生要求很严格，讲究教学方法，循循善诱，很受学生尊重。奈尔后来说：

他在几天的时间里就使我对几何和代数产生了极大的兴趣。一年前那些难于处理的几何和代数习题也变得简明易懂了。

相反,文学老师却不尽如人意,"三个月中他就使我对拉丁语和那些古典名人失去了兴趣"。奈尔的这一转变使他的父亲感到很意外,在这以前,奈尔一直显示出在人文学科方面的才能,父亲也希望他在这方面深造。然而,当时奈尔的最大心愿就是将来能成为一名出色的工程师。

1922年,奈尔通过中学会考获得了业士文凭。这一年秋天他又回到里昂公园中学注册进入为升入著名高等学校而设立的数学预科班。法国的高等学校招生有两种不同的情况:一种是综合性大学招生数量很大,入学不需要考试,持有业士文凭就可以到大学注册入学;另一种是著名高等院校(又称工程师学校)一般招生人数很少,入学要经过竞争考试,录取率很低,考试内容相当于综合性大学一、二年级的教学内容。因此,欲进入著名高等院校深造的学生一般要到专门的预科班学习两年。里昂公园中学的预科班就是针对进入多科综艺学院和巴黎高等师范学院所设立的。

在公园中学,作为一种训练方式,班里学习最好的学生在第一年末就报名参加入学竞争考试。奈尔在1923年参加巴黎高等师范学院的入学考试,取得第38名的成绩,而这一年只录取了前34名。但是,这一成绩增加了奈尔的自信,他自认为,若在考试前针对考试做一些准备,就能在这一年被录取。

1923年，奈尔转到巴黎圣路易中学，第二年以第24名的成绩考入巴黎高等师范学院。

二、科学素质的全面培养

巴黎高等师范学院是法国著名高等学府，是法国大革命时期由当时的国民议会在1794年创办的。200年来，它的毕业生有许多成为法国教育界、科学界、政界的重要人物，在法国社会生活中发挥了重要作用。学院每年仅招收文理科各几十名学生。

在巴黎高等师范学院，奈尔学习了数学、物理学和化学等课程，聆听了许多涉及科学前沿领域的学术演讲，打下了坚实的自然科学基础。学院的图书馆收藏有大量的学术名著，可供学生们在学习中参考。奈尔通过大量阅读物理学名著，获得了有关经典物理学及其起源的丰富知识。

在巴黎高等师范学院的第三年，为了取得高等教育学习文凭（DES），学生要完成一项研究工作。奈尔被学院的实验室所吸引，他选择了有关塞曼效应的实验研究题目。塞曼效应是1896年由塞曼发现的，它是指当把光源放在足够强的磁场中时，所发光谱的谱线会分裂成几条，而且每条谱线都是偏振的。奈尔的想法得到了当时学院的著名物理学教授布洛赫的支持，他建议奈尔研究氯光谱的塞曼效应。

在学院，当时还没有人做过有关塞曼效应的实验研究，实验室主任让奈尔独自设计实验装置、安装设备，独自进行操作。奈尔在既无经验又无足够的知识准备的情况下开始了工作。实验装置对于一个新手来说是相当复杂的，奈尔边学边干，经过 6 个月的紧张工作，测定了 30 余条谱线。实验的直接结果只是证实了前人的工作，然而这几个月的独立工作却激发了奈尔从事科学研究工作的激情与渴望，也使他获得了实验研究工作的初步经验。奈尔的工作获得了布洛赫教授和学院有关方面的好评。

在巴黎高等师范学院的第四年，学生们要为参加大中学授课学衔（Agréation）的考试作准备。这一考试每年由国家组织一次，考试分为笔试和口试两部分，历时数周，通过者被国家录用到大学或中学任教，一般任预科班或大学低年级教师。因此，这一考试既是一种资格考试，也是国家的招聘考试。考试试题艰深，竞争亦十分激烈。1928 年 4 月，大中学授课学衔考试前几周，奈尔前去旁听化学实验室两位博士生的论文答辩。在那里他遇到了法国当时著名的磁学专家外斯教授。奈尔早已熟悉外斯的名字，那时在现代物理学发展中有重要影响的法国物理学家并不多，而外斯是一位对磁学发展作出过重要贡献，很有国际影响的磁学专家，因此，在奈尔的眼中，外斯的铁磁性理论是饰以光环的。他十分崇敬地注视着这位瘦高个子、满头银发、雪白胡须的学者。这次偶然的相遇影响了奈尔的整个学术生涯。

答辩的第二天，经过短暂的考虑，奈尔接受了外斯在斯特拉斯堡大学的物理研究所的助教席位。当时，大学里的助教席位很少，做外斯的助教同时意味着可以进行研究工作和准备博士论文，这样的机会十分难得。奈尔当时渴望的是在大中学授课学衔考试中取得好成绩，从而能留校任教，但是考试还未进行，奈尔没有充分把握。很快考试结束，奈尔名列榜首，若不是与外斯的这次偶然相遇，奈尔的职业道路将会是另一种完全不同的样子。

在巴黎高等师范学院的四年，奈尔获得了全面的科学训练，锻炼了独立工作能力，也使他对科学前沿问题与进展十分敏感，这些对他后来的科学研究工作极为重要。巴黎高等师范学院的图书馆和物理实验室对他科学能力的培养起了重要作用。这期间，奈尔最偏爱在图书馆和实验室度过的时光。奈尔的阅读内容十分广泛，除那些经典学术名著以外，他还喜欢历史、探险、传奇等内容。物理实验室的开放式管理对他动手能力的培养是有益的，激发了他独立解决问题、进行创造性工作的愿望。对氯光谱的塞曼效应的长达 6 个月的独立研究工作的意义远远超出了实验的直接结果。这项工作训练了他的实验技能，激发了他从事研究工作进行科学探索的热情。选择做外斯的助教虽偶然而又仓促，但许多年以后奈尔认为作出这样的选择是幸运的。他认为在巴黎高等师范学院的实验室中，各项研究工作是并列独立进行的。每个研究人员独立进行自己的工作，很少合作，没有集体的目标，如果留在那里工作，像他那样一个初涉研究领域的工作者，盲目选题工作，也许会陷入没有前途的研究题目中。

三、进入磁学研究的前沿领域

1928 年 11 月，奈尔来到斯特拉斯堡大学外斯领导的物理研究所。斯特拉斯堡是位于法国东北部德法边界的一座重要城市，它是阿尔萨斯工业区的中心，当时刚回归法国。外斯 1887 年毕业于苏黎世工业大学，获机械工程学学士学位，1888年又考入巴黎高等师范学院，1893年被聘为该校的物理教师，1896年完成题为《磁铁矿晶体和若干铁—锑合金的磁化研究》的博士论文，1902年被聘为苏黎世工业大学教授并指导物理实验室的研究工作。10余年中，外斯的研究工作取得了许多有国际影响的成果，在他的领导下，物理实验室的工作也十分活跃。1919年，外斯回到法国受聘创办并领导斯特拉斯堡大学物理研究所。外斯利用他的国际影响力，建立了广泛的学术联系，与比利时、瑞士等国的磁学专家有经常性的学术交流。外斯的研究所吸引了一批研究人员，也培养出许多磁学专家，很快发展成为一个磁学研究中心。

奈尔到达斯特拉斯堡大学时，实验室有10余位研究人员，其中有3位教授。外斯对研究工作进行经常的细致指导，几乎所有时间都用在与研究人员进行个别交流和考虑如何推进他们的工作上。每周实验室要召开一次学术研究会，会上外斯首先介绍一些新动向，其他每个研究人员都要介绍自己课题的进展情况，然后进行讨论。通常讨论进行得十分热烈并会持续到散会以后，一些新发现和新观点还会引起暴风雨般的争论。学术研究会也吸引了一些研究所以外的人前来参加。奈尔被这里的研究讨论深深感染，感受到了集体合作的热烈气氛，认识到这是一个朝气蓬勃的集体，庆幸自己作出了正确的选择。后来奈尔曾回忆说，除约里奥－居里发表人工放射性的发现等几次会议外，战后法国物理学会的会议也没有这么激烈过，他遗憾地认为，现在各种学术讨论会、报告会越来越多，听众们却越来越腻烦而毫无反应。

初到斯特拉斯堡大学时,奈尔的教学工作相当繁重,他负责为讲授物理课的教师准备演示实验,同时还要指导学生的实验课。教学之余,奈尔自学磁学研究所必需的基本理论,很快了解了当时磁学研究的前沿状况。

磁学在 19 世纪末到 20 世纪初曾有很大发展。物质的磁性可分为三类:抗磁性、顺磁性和铁磁性。某些物质放在磁场中磁化后,它的宏观磁矩方向同磁场方向相反,这类物质称为抗磁性的。另有一些物质在磁场中磁化后,宏观磁矩的方向与磁场的方向相同,这类物质称为顺磁性的。如果用 M 代表物质磁化后单位体积的磁矩,H 为磁场强度,则实验显示:

$$M = xH \qquad (1)$$

x 称为磁化率,是代表物质磁性的一个参数。对抗磁性物质,M 与 H 方向相反,x 是负的;对顺磁性物质,x 是正的。法国物理学家皮埃尔·居里在 19 世纪末对物质磁性作了系统研究,1895 年发表其博士论文《物质在不同温度下的磁性》。皮埃尔·居里发现,对于绝大多数抗磁性物质,抗磁性磁化率为一个不变量,与温度无关,与材料的物理状态无关。对于一些顺磁性材料,顺磁性磁化率随温度变化,温度升高时磁化率降低,其磁化率 x 和绝对温度 T 的关系可表示为:

$$x = C / T \qquad (2)$$

C 是与材料性质有关的常数,称为居里常数,(2)式称为居里顺磁定律。后来对顺磁性盐的磁化率研究发现,直到某一特定的低温以前,磁化率与温度的关系满足:

$$x = \frac{C}{T - \theta_P} \qquad (3)$$

（3）式称为居里－外斯定律，θ_P 称为顺磁居里温度或顺磁居里点。

铁磁现象比顺磁和抗磁现象复杂得多，某些物质，如铁、钴、镍和某些稀土元素以及多种氧化物，在外磁场中磁化时，显示出比顺磁性物质强得多的磁性，而且在外磁场消失后还保留磁性，这种现象称为铁磁性。皮埃尔·居里发现，铁磁性物质在某一高温下转变为顺磁性。这种铁磁－顺磁转变温度称为居里温度或居里点。

为了对铁磁性进行定量说明，外斯创立了铁磁理论。1907 年，外斯提出了分子场理论和磁畴理论，很好地解释了有关铁磁性的实验现象。外斯假设铁磁物质中的分子磁体都受到一强内磁场的作用，外斯称为分子场，它与磁化强度成比例。这样将顺磁体理论中的作用场取为外场与分子场之和，就可以得到居里点以上铁磁体磁化率随温度变化的规律性，此即居里－外斯定律。外斯还得到一个重要结果就是铁磁体在不加外磁场时也具有不等于零的磁化强度，称为自发磁化。1928 年，海森堡将量子力学应用于磁学领域，用交换力说明了分子场的来源。

在这样的背景下，奈尔进入了磁学领域。作为博士论文的主题，外斯建议奈尔研究铁的磁化率随温度的变化。铁在其居里点转变为顺磁体，其磁化率与绝对温度成反比，即满足居里－外斯定律；在一定的温度变化范围内测磁化率，可以得到铁的居里常数。事实上铁在 900℃和 1400℃附近发生相变，对应磁化率的突变。为了避免相变的发生，奈尔采用在铁中加少量锡和硅的方法，可以在更大的范围内进行测量，再通过减少添加物的百分比，推论出纯铁的情况。由大量的实验数据，奈尔总结出了合金的磁化率与添加物的百分比和添加物的磁化率关系的经验定律。1932年，奈尔将这项研究成果写入自己的博士论文中。

理论上，奈尔抓住外斯铁磁理论的精髓，从外斯的分子场入手，进行了深入研究。1930年，他发表了两篇有关分子场的论文，分别讨论了合金中的分子场及铁磁材料的居里温度与分子场的关系。同时，奈尔还从海森堡的工作中得到启发，海森堡曾指出，粒子之间的交换作用随它们之间的距离的增大而迅速减小，因此奈尔认为分子场由临近原子的相互作用所决定，而且热扰动会引起分子场大小和方向的变化。1932年，为了说明合金的磁性，奈尔又放弃了在晶体内存在有统一的分子场的假设，提出局域分子场概念，即假设存在着分别作用在不同原子上的分子场。根据这一模型，他从理论上导出了合金的磁化率随温度变化的关系，与实验结果一致。1932年，奈尔顺利通过答辩，获得博士学位。

1936年，运用局域场假说，奈尔预言了反铁磁性，这使我们对物质磁性亚结构的认识又深入了一步。他假设某些物质的晶格可以视为两套子晶格，每种子晶格的原子磁矩取向相同，两套子晶格的原子磁矩都随温度变化，在某一特定温度下，它们大小相等，方向相反，彼此几乎抵消，使物体可观察的宏观总净磁矩为零。这个温度现在称为奈尔温度，用 θ_N 表示，这类新的磁性物质被称为反铁磁体。奈尔指出在不存在同晶格的耦合时，在奈尔温度以下，磁化率为常数；在奈尔温度以上，磁化率按居里－外斯定律变化。这样奈尔揭示了一种新的磁性，同时说明，在一定的温度变化范围，这种以往被人们忽视了的反铁磁材料的磁化遵从简单的顺磁磁化规律。

起初，奈尔的这项工作没有得到广泛认可，两年后，实验上发现了氧化锰（MnO）具有奈尔所预言的磁性。1949 年，利用中子衍射方法又证明原子磁矩的微观排列确实具有奈尔所预言的反平行排列状态。

1939 年 5 月，在斯特拉斯堡举行了一次国际磁学学术讨论会，来自德国、英国、美国、荷兰及法国的 40 余位磁学专家参加了会议。那时，国际性学术会议远没有现在这样频繁，各国出席会议的都是这一领域的最著名学者，会议取得了引人注目的成功。会议期间交流了许多重要研究成果。奈尔的工作受到了与会者的认可和赞扬，他被认为是法国磁学领域新生力量和新思想的代表。会后奈尔将他的工作总结成一篇长达 86 页的论文，发表在 3 卷本的会议论文集中，1940 年，会议论文集印出后还未及分发就因二战爆发而散失。这次会议也给斯特拉斯堡大学外斯所领导的实验室画上了一个圆满的句号。

第二次世界大战爆发后，斯特拉斯堡大学搬到法国的克莱蒙费朗。奈尔被法国国家科研中心（CNRS）召到巴黎，从事红外线管的研制与生产，这些装置用于机械或人体热源夜间活动的侦察测定。之后，奈尔又调往海军，研究新型德国磁性水雷，曾与海军研究中心一起短期撤到阿尔及利亚的阿尔及尔。在搞清了德国水雷的原理后，奈尔在法国的军港设置了消磁站，对海军舰队进行技术处理，取得了很好的效果。此后在很多年中，物体在类似于地球磁场的弱磁场中的磁现象一直是奈尔磁学研究的内容之一，他与海军有关部门的合作也保持了几十年。

奈尔从大学毕业到斯特拉斯堡开始，在外斯的指导下，迅速了解了磁学的最新进展，很快进入了学科前沿，在短短的几年中就取得了重要成果。这是由于，他的研究工作在高起点展开，在富矿区选题。他也很快成为有影响、有洞察力的磁学专家。这与外斯的指导和实验室的合作交流有关。学者之间的接触和面对面的交流对科学研究工作具有明显的促进作用。它有利于集中集体的智慧，探索出科学发展的正确方向，具体问题可以通过讨论而互相启发，研究工作中的新思想、新成果可以迅速引起反响，得到评价和承认。在外斯的领导下，斯特拉斯堡大学的物理研究所成为一个真正的研究集体，组织集体力量进行科学研究，后来也成为奈尔在格勒诺布尔取得成功的经验之一。

四、创立金属物理与静电学实验室

1940年6月，奈尔从阿尔及尔返回法国，开始寻找能装置他的实验室的地方，由于战争的影响，选择一个合适的地点并不容易。很快，他对格勒诺布尔产生了兴趣。1939年，格勒诺布尔大学为从事物理学和数学研究的傅里叶研究所建了一座很大的建筑物，二战爆发时刚刚完工，到1940年还有部分房间空闲。经过与国家高等教育管理部门和法国科研中心交涉，奈尔获准在那里安置他的实验室，并被聘为格勒诺布尔大学教授。由于他为海军工作所取得的成绩，奈尔曾被授予骑士勋章，因此获准可以不在格勒诺布尔大学担任教学任务。法国科研中心为他提供了一笔安置费，并为他配备了一名秘书。

1940年10月，奈尔到达了格勒诺布尔这座阿尔卑斯山脚下的城市。奈尔把他的小组称为铁磁学实验室。初创时期，实验室设备简陋，经费不足，奈尔为它的创立付出了极大的努力。由于没有经费购置新设备，奈尔设法从各种渠道为实验室收集配备实验设施。他们从学校的旧仪器库中翻找出一些简单仪器，修理使用。也通过帮助当地的某些生产部门解决生产中的技术问题而换回一些实验所用材料和小设备，例如在1943年就有一家工厂赠送给实验室一台车床和一台精密铣床。但最重要的帮助来自格勒诺布尔多科工艺研究所。这个研究所筹建于1918年，实验基础设施完善，是一个教学和科研相结合的单位，与当地的工业企业有广泛的联系。奈尔的铁磁学实验室很快与多科工艺研究所建立了密切联系，实验室经常使用这个研究所的仪器设备。1942年奈尔还被任命为这个研究所的力学实验室主任，30年后的1971年，奈尔被任命为这个研究所的所长。

由于奈尔的声誉和影响，铁磁学实验室逐渐吸引了一批优秀的年轻科研工作者，如：路易·韦伊，他是巴黎高等师范学院1936年的毕业生，战争期间曾做过奈尔的助手；费利西，1934年巴黎高等师范学院入学考试第一名，1940年获博士学位，论文是有关超导电性的研究；巴杨，巴黎高等师范学院毕业生；等等。在几年中，实验室研究人员发展有10余人，另有技术和行政人员5人。

这一时期奈尔的研究工作主要是磁滞回线的细节和弱磁场中铁磁体的磁化规律。基于20世纪30年代的研究工作，他提出一种永久磁体制造方法的新设想,这一成果给实验室的发展带来了机遇。20 世纪 30 年代永磁材料的市场需求迅速扩大,在电话工业、发电机制造业、高音喇叭及各种电器仪表制造业中,都需要强永磁材料。当时广泛使用的生产技术是在合金中加入少量钴和铜来制造强永磁材料,不仅生产成本高,而且要用到稀有贵重金属钴,使生产受到限制。尤其是在二战时期,钴成为一种军事物资,使用受到控制。奈尔另辟蹊径,从新的角度提出一种全新制造方法。他设想,如果将铁磁材料研磨成非常细的粉末,使其颗粒线度小于磁畴的线度,那么每个颗粒将具有一致的自发磁性,然后加压烧结,就可以获得强磁性永磁材料。根据奈尔的建议,1939 年,实验室研究人员吉约首先从实验上证明,使用这种方法制成的永磁材料磁场强度增加了 10 倍。奈尔想到,如果能用铁这种在战争时期也十分便宜的材料来制造强永磁材料,就可以无限制生产低成本且高矫顽磁场的磁性材料,工业生产的效益将会十分诱人。

奈尔的想法引起了物理学家佩兰的注意。佩兰当时是法国一个科研和生产部门的主任,领导着格勒诺布尔的一家工厂。佩兰提出与奈尔签订一项合作协议,共同开发永磁材料的大规模工业生产。佩兰所领导的机构提供研究工作所需经费,并独享研究成果。佩兰在 1942 年和 1943 年每年向奈尔的实验室提供了 1 万法郎的资助,战后增加到每年 5 万法郎,同时还支付实验室 3 位研究人员的工资(当时一位教授的年薪约 9 万法郎)。1941 年法国科研中心给奈尔的经费是 9 万法郎,以后的几年减到每年 5 万法郎。因此,与佩兰的合作所赢得的经费对实验室研究工作的展开起了重要作用,它也为实验室增加研究人员创造了条件。1942 年初，新方法获得了生产技术上的成功，佩兰领导的机构获得技术专利，而奈尔关于这一技术的理论研究成果推迟到 1947 年才得以在法国科学院院报上发表。

1943 年以后，铁磁学实验室的研究工作主要在三个方面展开：第一，静电机械，由费利西领导，到 1945 年已获 6 项专利；第二，以粉末为主要研究对象的磁体冶金学，由韦伊领导；第三，磁学理论研究，由奈尔领导，主要研究有关磁畴和低强度磁场的理论问题，取得了一系列直接服务于海军的研究成果。

二战结束后，奈尔决定留在格勒诺布尔。通过与地方政府部门、有实力的工业企业和大学界的广泛交流，在格勒诺布尔建立一所大型物理实验室的必要性已成为共识。这一想法也得到了法国科研中心主任约里奥的支持。1946 年初，法国国家科研中心和格勒诺布尔大学签署了一项协议，在原奈尔领导的实验室基础上，创立金属物理和静电学实验室（LEPM），由奈尔任主任，法国科研中心提供运行经费，格勒诺布尔大学为实验室设立一个教授、两个高级讲师及两个助教席位。

五、亚铁磁理论的提出

奈尔在磁学理论方面的最重要突破从 1947 年年底开始。那时，实验室开展了一个新的研究领域——铁氧体磁性的研究。当时人们研究较多的是化学式为 MFe_2O_4 的尖晶石型铁氧体，化学式中的 M 代表某种二价金属，如锌、镉、锰、钴、镍等。假如 M 为铁，则化合物为 Fe_3O_4，即通常所说的磁铁矿。

铁氧体是强磁性材料，电阻率又很高，在高频磁场中产生的涡流很小，因此可以运用到微波系统中。20世纪30年代，人们预感到铁氧体可能会取代其他磁性材料，许多著名实验室都在这一领域展开了研究，其中飞利浦公司的实验室取得了最系统的成果。1947年，该实验室公布了10余年实验研究的大量数据和经验性定律。当时，对铁氧体的磁性还没有一个令人满意的理论解释。如磁铁矿Fe_3O_4，过去把它当作铁磁物质，理论上很难解释它的磁学性质。1947年，奈尔想到可以发展他在1932—1936年所提出的子晶格模型，说明铁氧体的磁性。

奈尔假设铁氧体原子磁矩的相互作用能为负，磁矩倾向于反平行排列。在绝对零度时，相同子晶格上的离子磁矩平行排列，而不同子晶格上的离子的磁矩取向相反；由于不同子晶格具有不同的磁矩，因而产生宏观磁矩，观察到的总磁矩等于两者之差值。如磁铁矿Fe_3O_4中有3个铁离子、4个氧离子，其中2个铁离子的磁矩相抵消，而第3个铁离子给出可观察到的磁场。由于这种磁性归因于负的相互作用能，不同于经典的铁磁性，奈尔将其命名为亚铁磁性。

在金属物理与静电学实验室，韦伊首先对奈尔的亚铁磁理论作出反应，当时他正在研究军用反雷达材料，用奈尔的模型，他很快找到了一些对短波有相当不错吸收能力的铁氧体材料。此外，奈尔让他的一个学生波特进行系统实验，说明亚铁磁理论可应用的范围。后来，他们成功地将这一理论应用于石榴石铁氧体等其他类型的铁氧体材料的磁性研究，成功地解释了各种不同类型铁氧体磁性的差异，为研制各种新型铁氧体材料提供了理论依据。亚铁磁理论研究和实验技术的进展，在工业生产中发挥了重要作用，尤其是在计算机存储技术和微波电子技术领域带来了引人注目的技术革新，创造了巨大的经济效益。有人估计，铁氧体的工业制造创造的效益在一段时期内甚至超过了半导体材料制造所创造的收益。

亚铁磁理论的研究也为奈尔赢得了许多科学荣誉。1970年，奈尔与瑞典物理学家阿尔文分享了该年度诺贝尔物理学奖，他的获奖原因就是在固体物理中有广泛应用的反铁磁性和亚铁磁性的多项基础研究与发现。瑞典皇家科学院对他的工作予以极高评价，奈尔作了题为《磁性与局域分子场》的诺贝尔演讲，介绍了他的主要研究工作。奈尔在10月7日已得知获奖消息，当时他正在贝尚松出席一个博士论文答辩会，恰巧第二天他应当时的法国总统戴高乐之邀赴爱丽舍宫与20余位工程师学校的负责人一起与总统共商办学问题。当他在巴黎的里昂车站走下车厢时，站台上聚集着数名记者，奈尔以为某位电影明星驾到，结果发现记者们追踪的竟是他本人，甚至一直跟到了旅馆，并请他发表演说。12月在斯德哥尔摩的颁奖仪式上，奈尔对获奖深表谢意，他认为这也是从皮埃尔·居里到朗之万、外斯等人组成的法国磁学学派的荣誉。在此之前，1953年奈尔已被选为法国科学院院士，以及苏联科学院院士（1959）、荷兰皇家科学院院士（1959）、罗马尼亚科学院院士（1965）、英国皇家学会会员（1966）、美国艺术与科学院院士（1966）等，还被一些世界著名大学授予荣誉博士学位，获得多种奖章与奖金。

在磁学领域奈尔斩获颇丰，发表了300余篇论文，获得6项专利。有多项成果在工业和军事上得到广泛应用。

六、科研－生产联合体的创立

1946年，金属物理和静电学实验室成立之后，静电机械曾一度成为实验室的重要研究项目，当时工农业和军事部门都提出应用的需要，如农业上使用的静电喷粉器、军事上为红外辐射仪配备的小型供电系统等。在费利西主持下，研制成功一种农用喷粉机的样机，但一直找不到愿意投资开发生产的工业企业。经过调查研究，奈尔与费利西决定从事工业投资冒险，自己创立一家从事生产的静电机械股份有限公司。初期，公司设在多科工艺研究所内。资金由一些工业企业和教育界人士以认购股票形式筹集，金属物理和静电学实验室负责解决技术问题，奈尔参与了公司的全面管理。后来，这个公司有很大发展，在20世纪60年代经营额曾达到数十亿法郎。公司生产中技术问题的研究解决促进了实验室的科研工作，经营效益使实验室有能力配置新设备和获得许多新型材料，这在20世纪40年代后期对实验室基础研究工作起了重要的保障和推动作用。

奈尔的实验室也持续与佩兰所领导的工厂进行合作，由该工厂长期支付实验室几名研究人员的工资，而实验室帮助工厂解决生产技术问题。奈尔对应用磁学一直有浓厚兴趣，他曾一度每月定期到这家工厂与技术人员一起进行研究，内容涉及铁粉末的磁性、氧化物的磁性、透磁合金、磁材料烧结等，铁氧体的磁性也是重要内容之一。

1947年，为了磁学基础研究的深入进行，奈尔决定在实验室建造气体液化装置。使用液态气体可以获得低温，在低温下材料的热扰动减缓，便于观察材料的微观磁取向。奈尔从法国科研中心申请到 50 万法郎，1947 年 10 月动工，1949 年就获得了液氢，1952 年获得液氦。利用这方面的科研成果，他联合相关人士又创办了一个液化器制造公司，称为低温公司。一直到 20 世纪 50 年代末，这个公司都处于赢利状态。

二战后的 20 世纪 50 年代，随着金属物理和静电学实验室规模的迅速扩大，不断从法国高等教育管理部门和国家科研中心得到经费，更新了实验设备和扩大了实验室面积，与海军的合作协议使一组安装费用达 2500 万法郎的强蓄电池顺利安装运行。1953 年，实验室工作人员有 40 人，1960 年就已扩充到 120 人，翻了三倍！而法国国家科研中心在这 7 年中人数仅增加了 75%。到 1970 年，奈尔实验室的工作人员已达到 250 人，加上由金属物理和静电学实验室分出的低温中心，实际已有 500 人。该实验室已发展成具有科研、开发、生产、应用等多项功能的大型科研 - 生产联合体。

奈尔的名望和影响力在战后也步步提高，对金属物理和静电学实验室的发展产生巨大影响。1952 年奈尔成为海军科学顾问委员会成员，出任政府技术进步与科学研究高级顾问，1963 年当选国际纯物理与应用物理协会主席，1963—1968 年出任法国驻北大西洋公约组织科学委员会首席代表，成为法国科学界、教育界的头面人物。

1955 年，利用参加日内瓦和平利用原子能大会的机会，奈尔倡议并负责筹建了格勒诺布尔原子能研究中心。这个中心的创立是格勒诺布尔地区科技和经济发展的重要原因之一，整个 20 世纪 60 年代就有至少 1500 人在这里做研究工作，20 世纪 70 年代达到了 3000 人以上。中心的许多研究课题都属于固体物理学领域，格勒诺布尔很快成为世界著名的核物理和固体物理研究基地之一。

1976 年，奈尔退休后定居巴黎郊区，他的科学活动并未停止。1984 年他还为欧洲同步辐射加速器在格勒诺布尔的兴建而奔波。1991 年他的长篇自传《一个世纪的物理学》出版。

奈尔是一位科学家，也是一位成功的科研工作领导者和组织者。金属物理和静电学实验室的迅速发展首先得益于与工业、军事和高等教育部门等的多方面的联系与合作。格勒诺布尔地区的科学教育部门与工业企业在二战前已有相互联系，奈尔发展了这种联系使其更深入广泛，它使奈尔的实验室得到经济支持，能够添置设备，增加研究人员。20 世纪 60 年代，各种技术委托合同稳定地支付着实验室 1/4 研究人员的费用。这种结合同时也有利于科学技术研究成果迅速得到应用，转化成产品，促进了格勒诺布尔地区工业的发展。二战后奈尔有条件到法国科研中心的某一重要研究机构从事研究和管理工作，但他选择了条件较差的格勒诺布尔，他认为自己更适合在实验室里做具体研究工作，对磁学应用领域更有兴趣，而不适合在办公室里处理文件。二战期间，法国既是战场，又被法西斯德国占领过，经济上的损失是难以估计的，由于侵略军的抢掠和战争的破坏，到战争结束时，法国的工业生产水平仅是战前的 1/3，农业衰败，商业凋零，国家面临百废待兴的局面。这种情况下，奈尔不可能立即从政府获得大量经费进行基础科学理论研究。奈尔不是等待，而是积极主动想办法，有意识地建立和发展与工业企业、军事部门和教育科研单位的合作，进行应用开发，并大胆进行工业投资，创立科研－生产联合体，使科研成果转变为产品，服务于工农业及军事需要，而生产所获效益又保障了科研工作的深入展开。奈尔的成功之路表明，科学家应有意识地将科研成果应用于生产技术，转变为生产力，不应只重理论而轻应用，这一点在国家经济发展时期尤为重要。

现代科学技术发展的特点之一是科学技术发展的综合化。现代技术发明越来越依靠科学，科学与技术的关系已密不可分。现代技术完全是建立在科学理论的基础之上，现代科学也装备了复杂的技术设施。现代科学与技术的密切结合具有重要的实践意义，大大加快了科学发现的实际应用，科学的新发现能迅速地导致在国际上有竞争能力的新产品的出现。奈尔正是适应了科学技术发展的这一特点和趋势，因而获得了科学研究与技术效益的众多成果。

奈尔与各部门单位的合作是法律化的，他们运用签订协议的形式，确定各方责任，明确实验室要解决的技术课题和可获得的工作条件及各种支持。20世纪50年代末，在格勒诺布尔成立了法国第一家管理这种协议合同的工业企业和大学的联合会，更使合同的法律效力得到保证。

在科学研究的组织方面奈尔也十分成功。虽然奈尔性格内向，但他勤奋努力，始终对所从事的工作充满激情。他很少对其他事件发表看法，不公开发表政治观点。初识奈尔并不让人感到亲切自然，由于他言语简练，思维敏捷，性格中或许还有点粗暴的元素，往往令人生畏。然而，他的学识、才能和成就受到了同事们的尊敬，吸引了来自各方面的学者共同合作研究。韦伊刚到格勒诺布尔时，既无正式职位，也无固定工资收入，他和奈尔一起创业，后来他成为奈尔之后格勒诺布尔地区科学工作的重要领导者。此后，巴黎高等师范学院的优秀毕业生们也陆续来到这里，在奈尔的领导下，取得了一系列重要成果。直到1968年，奈尔始终亲自领导着实验室的研究工作，无论是学生还是同事们都可以就研究问题征求他的意见，但最后的决定要自己作出。当初在格勒诺布尔工作过的人常回忆起当时的情景，对奈尔的才华和言行记忆犹新。

奈尔进入磁学领域后，始终站在最前沿，亲力亲为选择研究课题，布置科研力量，组织经常性学术交流，促进研究工作的进展。他还创造条件，努力使实验室拥有磁学研究的各种最新实验设备。20世纪50年代末，格勒诺布尔原子能研究中心的建立，为团队研究提供了新的手段，用中子散射法可以了解物质的磁微观结构，正是这一时期，石榴石铁氧体的研究成果为实验室赢得了国际声誉。科研工作第一步是选题，在科学研究团队中，有一位眼光敏锐的领导者非常重要，可促使研究人员更容易找到适当课题，易出成果、多出成果、出重要成果；也能使研究工作少走弯路，用最短的时间接近世界科学领域最前沿，这一点对那些初涉研究的年轻科学工作者尤为重要。奈尔就是这样的科学研究组织者、带头人和领导者。

（作者：李艳平）

钱德拉塞卡
与美偕行的科学巨匠

苏布拉马尼扬·钱德拉塞卡
(Subrahmanyan Chandrasekhar, 1910—1995)

美籍印度裔诺贝尔物理学奖获得者苏布拉马尼扬·钱德拉塞卡，作为 20 世纪最杰出的科学家之一，以其在天体物理学、物理学和应用数学领域丰硕而广博的贡献闻名于世。在充满传奇创造的科研生涯中，钱德拉塞卡不仅以创造性的科学贡献充实了人类的知识宝库，还将对科学美的追求融入科学研究的路径、目标和风格中，形成了独特的科学美思想，成为启迪人类思想的宝贵精神财富。

一、并不完美的早年

1910 年 10 月 19 日，钱德拉塞卡出生于英属印度旁遮普邦首府拉合尔，印度西北铁路公司总部所在地。他的父亲艾亚尔担任这个公司的助理审计长，作为英式教育培养的精英公务员，艾亚尔和许多这一阶层的印度人一样，必须在西方文化与印度传统文化之间进行艰难而审慎的选择。他们接受西方先进的科学知识，但嗜酒、食肉、两性间无限制的自由交往——所有与印度人的戒律相悖的行为，都被视作西方文化的糟粕而被抛弃。古印度人好学、诚实、自我牺牲以及尊重长者和师者的品行，仍是他们终生恪守的信条。

作为这个婆罗门家庭的长子，钱德拉塞卡 5 岁时就开始了启蒙教育。在象征吉祥的维贾衍达萨密（Vijayadasami）日，他坐在父亲身旁，并在散布在面前的沙子上写下 3 个泰米尔文的字母，以此作为其漫长学习生涯的开端。与多数杰出人物的成长经历不同，钱德拉塞卡的早期教育并不能算是完善。出于学习印度传统文化的考虑，在 11 岁之前，他并未被送入英式学堂接受教育，而是在家中由母亲教授泰米尔语，由父亲教授英语和算术。作为铁路部门的高级雇员，艾亚尔长期在外地工作，这使钱德拉塞卡很早就养成了自学的习惯，他对自然科学的浓厚兴趣也是在自学过程中逐渐形成的。钱德拉塞卡的母亲，一位仅接受了几年基础教育的传统女性，对印度文化中洁身自好和追求美好事物的传统有着深刻的理解。她影响他们，尤其是钱德拉塞卡，作为长子，当然在她的心目中占有特殊的地位。在母亲的言传身教中，钱德拉塞卡继承了古印度文化的优良传统，特别是追求美好的执着精神。

　　钱德拉塞卡的家庭并不如人们想象的那样充满和谐与美好的氛围。钱德拉塞卡的父亲是个有高度教养的人，他广泛地阅读和旅行，并且是很有天赋的音乐家，写过评论南印度音乐的专著。但在家庭事务方面，他是一个独裁者，一个旧式封建家长。他冷淡而不露声色，与家人保持距离，并要求每个人绝对服从。钱德拉塞卡注意到了家庭中这些不和谐的因素。家中的女孩们没有得到与男孩同等的教育机会。他的两个姐姐在十三四岁结婚后，不得不立即辍学，她们太年轻，以至于无法意识到即将发生的事情。钱德拉塞卡对于父亲的决定感到震惊，他认为以这种方式中止她们的教育是错误的。不公正的现象在他面前连续发生，而他竟没有能力去改变它们，钱德拉塞卡过早地体会到了现实社会的不幸。

　　失望之余，钱德拉塞卡将自己彻底禁闭于祖父的图书室里，他在那里发现了圆锥曲线和微积分的书籍，并立即开始自学。钱德拉塞卡 11 岁时开始接受正规教育，他就读的特里普利凯恩中学被认为是马德拉斯地区最好的学校，他跳了两个年级，被直接接纳为中学三年级的学生。凭借坚实的数学基础和超常的自学能力，钱德拉塞卡在所有的学生中脱颖而出。在进入四年级之前，他已经提前学习了几何和代数的全部内容，事实上还掌握了更多的内容——排列组合、解三次方程等。在假期里，他继续自学解析几何和微分方程。15 岁时，钱德拉塞卡以优异的成绩结束了中学阶段的学习，成为马德拉斯管辖区学院的一年级新生。他被誉为神童，尤其在数学领域。不论是在学校还是在家中，他往往使得他的同学和弟弟们感到惶恐不安，因为他们总是成为比较的对象。在大学的头两年（1925 年—1927 年），钱德拉塞卡的学业进展得相当顺利。自学数学使他远远超过其他学生，同时他还学习物理学、化学、英语和梵文。钱德拉塞卡不是书呆子，他在班里一直拿最高分却拥有广泛的兴趣。他喜爱阅读英国文学作品，尤其是莎士比亚和哈代的作品。在学习以外的领域，他是出色的网球运动员、优秀的辩论家，被大家誉为知识广博的学者。在结束了第一学年物理优等生学位课程的学习之后，他发现自己对数学物理学的兴趣胜过纯粹数学。1927 年夏天，他阅读了《原子结构和光谱线》，这本书对于大学二年级的学生而言，显得高深、晦涩，钱德拉塞卡因能够完全地将其看完而感到无比高兴。

  1928 年，他与访问马德拉斯的德国物理学家索末菲相遇，这次会面成为影响钱德拉塞卡走上科学研究道路的关键。通过与索末菲的交谈，钱德拉塞卡了解到了薛定谔、海森堡、狄拉克、泡利等人的工作，量子理论的新进展已经使原有的物理学体系发生了彻底的改变，却未能及时传入印度。钱德拉塞卡认识到，在信息闭塞、发展并不完善的印度社会之外，存有一个更大的世界，那里是进行科学研究的天堂。他没有因为信息的落后而感到气馁，凭借足够的数学预备知识，他很快就理解了索末菲介绍的新统计方法，以此为契机确立新的研究方向，并撰写了题为《康普顿散射和新统计学》的论文。这篇论文经过英国皇家学会会员拉尔夫·福勒的推荐，发表在1929年的《皇家学会会刊》上。能够在世界顶级科学刊物上发表论文，这坚定了钱德拉塞卡从事物理学原创性研究的决心，也成为他的科学生涯开始的标志。1930年，钱德拉塞卡顺利通过了物理学优等学位的课程考核，所有的评分等级创造了新纪录。令他更加欣喜的是，他被授予印度政府奖学金，将赴英国继续从事研究工作。

尽管拥有令人艳羡的前程，钱德拉塞卡也痛苦地意识到自己作为一个印度人，不论地位多么显赫，仍是受英国统治的殖民地居民，这正是他所经历的并不完美的早年生活的根源。面对现实中遇到的种种不公正待遇，钱德拉塞卡选择了反抗。他曾在中学历史考试时有意考得不好，以抗议试卷中含有太多的英国历史知识，却忽略了关于印度历史的内容。他和许多同学一道参与了印度的国大党运动。在大学的第一个学年，他与同学一起欢迎尼赫鲁来到马德拉斯，并在海滨聆听尼赫鲁的演讲。20世纪初期印度科学的发展，使钱德拉塞卡看到了印度民族振兴的希望。拉马努金和萨哈在各自的领域内均作出了非凡的成就,并先后入选英国皇家学会会员。S. N. 玻色与爱因斯坦合作,提出了著名的"玻色-爱因斯坦凝聚"。钱德拉塞卡的叔父拉曼因在光的分子散射方面作出重要发现,获得了 1930 年的诺贝尔物理学奖。这些著名人物的出现,说明印度人在科学领域拥有与西方人同等的创造力。钱德拉塞卡深信,自己有能力改变不完美的现状,以自己作出的成就使印度民族获得世界的承认。不完美的早年并没有给他今后的生活留下太多的阴影,相反,他将改变不完美境况的努力投入到科学研究领域中,追寻科学中的美感,完善尚不完备的科学理论体系,成为他毕生为之奋斗的目标。

二、以美启真的研究路径

钱德拉塞卡对科学美的追求,首先体现为他独特的科学研究路径。应当承认,在人类探求真理的旅程中,存有不止一条通向成功的路径。卢瑟福凭借高超的实验技术,创造性地提出原子结构的行星模型;普朗克依靠严密的数学推演,叩开了量子理论的大门;凯库勒因梦中出现蛇首尾相衔的场景,而顿悟苯环的正六边形构型……当然,还有一类人,他们在科学的旅途中前行,是为了追寻存在于科学世界中的美丽图景,在发现美的行程中感受真理的光辉。开普勒深信"数学是美的原型",毕生致力于对宇宙构成中数学美的探寻。庞加莱也曾坦率地承认:

科学家之所以研究自然,是因为他们从中得到了快乐,而他们得到乐趣是因为它美。如果自然不美，它就不值得去探求，生命也不值得存在……

爱因斯坦在回顾自己科学历程时说：

照亮我的道路，并不断给我新的勇气去愉快地正视生活的理想，是善，是美和真。

在科学创造过程中，一些科学家将追求美作为研究的出发点，凭借自己对科学美敏锐的把握能力，开辟通向真理大道的捷径。狄拉克在分析自己的研究道路时指出："我的许多物理学研究并不在于打算去解决某个具体问题，只不过是想去考察物理学家们使用的一类数学量，试图以有趣的方式把它们结合起来，而不注重这个工作会有什么应用。这种工作只不过是对美妙数学的追求。可是后来它确有某种用途，那算有了好运气。"在量子力学领域，狄拉克从美学角度出发，得出了能够解释电子自旋和磁矩的新方程，不仅成为量子电动力学发展的里程碑，也是科学史上以美启真的典型案例。

钱德拉塞卡认为，美存在于科学研究的每个领域，追求科学美是探索自然界基本原理的最优方法。他始终以审美者的姿态，将探寻美作为发现科学真理的不二法门。他赞同英国诗人济慈对真与美关系的阐释：

> 想象力认为是美的东西必定是真的，无论它原先是否存在。

钱德拉塞卡从美与艺术的角度，分析人类探求真理的方式，认为科学在艺术上不足的地方，正是科学上不完善的地方，并通过"以美启真"的研究路径，在多个研究领域作出了极具创新价值的工作。众所周知，钱德拉塞卡因"对恒星结构和演化过程的研究，特别是对白矮星的结构和变化的精确预言"被授予诺贝尔物理学奖，而他对这一领域的思考始于 19 岁时从印度前往英国的旅途中。当时，英国理论物理学家福勒借助费米－狄拉克量子统计法解释白矮星内部的物理机制，提出在白矮星内部的物质致密状态下，电子被"压"到比它原来可以活动的空间体积小 10000 倍的"格子"中，成了"囚禁"的电子，这种状态被称为"电子简并"态，它所产生的"简并压力"非常大，大得足以抵抗引力的收缩。福勒的解释得到了当时天体物理学界的公认，爱丁顿等天文学家甚至认为，与白矮星相关的问题已经全部解决了。和当时许多天体物理学家类似，钱德拉塞卡最初并未对福勒的解释提出质疑，只是从理论简单性和完备性的审美角度，试图将因相对论所引起的变化加入到福勒理论中。"钱德拉塞卡努力完成了计算，期望求出福勒理论的一个简洁的、相对论性推广。然而，令他大为惊奇的是，他碰到了截然不同的情况。"钱德拉塞卡经过缜密的推衍和计算后发现，所有能够演化成白矮星的恒星，其质量存在一个极限（即钱德拉塞卡极限），假若一颗恒星的质量超过这一极限值，按照福勒的理论导出这颗恒星具有物理上无意义的负半径，也就不可能最终演化成白矮星。经过几年的艰苦工作，钱德拉塞卡颠覆了原有的恒星演化理论，提出只有质量小于 1.45 个太阳质量的白矮星才可能与挤压它的引力相抗衡，否则不相容原理造成的电子简并力就不能抗衡引力。这意味着没有哪颗白矮星的质量可以超过 1.45 个太阳质量的极限。从中我们可以看出，钱德拉塞卡对于科学美的追求，是促成他对白矮星内部结构进行深入探索的直接动因。钱德拉塞卡在以美启真的科学探索中，不自觉地完成了 20 世纪天体物理学领域最为重要的一项发现，在个人研究领域首次实现了真与美的统一。

科学理论体系的形成，必然要从不太完美的形式向比较完美的形式过渡，真的科学理论处在比较低级的发展阶段时，往往不具备美的性质。但是，杰出科学家凭借对美的直觉，可以超越自然科学的发展水平和一般人的认识能力，直接把握自然界的内在和谐与秩序，在真与美的权衡中，放弃真而取其美。数学家外尔在分析真与美的关系时指出："我的工作总是尽力把真和美统一起来，但当我必须在两者中挑选一个时，我通常选择美。"外尔承认，他在《空间、时间和物质》一书中提出的引力规范理论并不符合引力理论的真实性，但它显示出的美又使他不愿放弃它。直到几十年后，当规范不变性被引入到量子电动力学时，外尔的理论才有了真实的应用空间。和外尔相似，钱德拉塞卡也曾为维持研究带来的美感，放弃对某一领域的进一步探索。1944 年到 1949 年，钱德拉塞卡专注于对辐射转移的探索，并对有限大气和半无限大气中的辐射转移问题作出了开创性的贡献。正当他在这一领域的研究为物理学界所承认，并逐渐确立了领先地位之时，他毅然退出了这一研究领域，开始对流体动力学进行新的探索。对于这一令人不解的举动，钱德拉塞卡给出了自己的解释：

> 我在这上面花了5年时间，我觉得，这个领域的发展处于开创和推动阶段。问题接踵而来，每一个问题都比前一个更复杂、更困难，但是它们都被解决了。整个研究课题达到雅致和漂亮的程度是我在其他研究中找不到的。当我最后写《辐射转移》这本书时，彻底离开了该领域。虽然我能够再考虑几个问题，但我不想（再写更多的东西）糟蹋这个学科的连贯与优美。

对奉行"以美启真"的研究路径的钱德拉塞卡而言，一旦研究中失去了美的元素，便再也不能激发他探求真理的灵感和创造的激情。

三、尽善尽美的研究目标

作为同一时期两位最杰出的理论物理学家，人们常将钱德拉塞卡与费恩曼进行比较，发现两人无论在生活还是工作上都存在许多差异。譬如前者生活井然有序，以致每次开车都走同样的路线，停靠同样的加油站，在同一个餐馆用餐并点相同的食物，而后者过的是一种浪漫甚至有些放纵的生活；前者是一个着装严整并对过程有一种宗教式虔诚的谦谦君子，后者是一个很有表演天赋的艺术大师；前者的著作如《恒星结构研究导论》《辐射转移》等被奉为该领域的经典教材，而后者的物理讲义被冯端先生认为"启发性虽大，却不适于教学"；前者一生带了 50 名博士生，后者基本不带学生……不难想象，两个不同类型的物理学家在选择研究领域上也是不尽相同的。费恩曼一生关注的皆是最主流、最时髦的问题。1965年，费恩曼因从事量子电动力学中热点问题的研究获得诺贝尔物理学奖。1986 年 1 月，作为震惊世界的"挑战者号"太空飞船失事原因调查组成员，费恩曼在听证会上向全世界电视观众揭示了飞船失事的症结所在，使他一举成为公众心目中的科学英雄。反观钱德拉塞卡，获得诺贝尔物理学奖的工作是他在 50 年前作出的，他对流体力学、辐射转移、后牛顿近似、椭球体的研究，在当时都是不为人所关注的冷门。1983 年钱德拉塞卡的黑洞数学理论经典著作发表以后，他一直致力于研究广义相对论框架下的碰撞波和牛顿二体问题。这些研究同样不是这一时期广义相对论研究的主流。

笔者认为，钱德拉塞卡不刻意追随主流，固然体现其非功利的科研精神，更由于他竭力追寻科学美的绝对性，并制定尽善尽美的研究目标。

> 他对完整和优美有着不妥协的标准，这正是他科学魅力的主要部分。

钱德拉塞卡认为，美的绝对性与美的相对性是对立统一的。自然界是不断发展、变化、运动的，绝对美的科学理论实际是不存在的。然而每个在当时的科学水平看来相对完善的科学理论体系中，无一例外地包含有绝对美的成分,科学工作者的研究目标就是尽力完善科学体系并使之达到完美的境地。因此,在研究课题的选择上,他并不考虑它是否处于该领域的前沿或是不是热点问题,而是从构筑完善理论体系的视角,审视这一领域中存在的谬误和缺漏之处,从而确定自己下一步的研究方向。

钱德拉塞卡对科研目标完美性的追求首先体现为他对系统美的偏好。汤姆孙在纪念瑞利勋爵的致辞中提到:

> 在科学上,有两类人:一类是那些写科学的第一句句子的人,他们可能被视作领导者;而另一类是那些写最后一句句子的人。

钱德拉塞卡和瑞利一样,属于汤姆孙所说的第二类人,即倾向于从事系统化的工作,以整个系统的完善和统一作为研究的最高目标。钱德拉塞卡引述海森堡对科学美的表述,即美是各部分之间以及各部分与整体之间固有的和谐,认为把一个科学领域的研究对象和谐地组织起来,使之有序、规范、连贯,是追求科学美的最佳方式。他将自己的研究方法定义为:首先充分了解一个课题的已有的研究情况,然后以严谨性、系统性和完备性的审美标准对这些情况进行检查;如果发现与这些标准不符的地方,就着手使之符合。在已有的学术成就上体系化,一直就是钱德拉塞卡工作的动机。他对系统美的执着追求在其对椭球平衡体的平衡和稳定性研究中得以充分体现。20世纪60年代,他开始对蜜柑状的几何图形(称为椭球)进行研究并撰写了一部专著。在该书的引言中，钱德拉塞卡谈到写书的理由，认为以前虽然有人对这项课题作过研究，但留下"许多空白和漏洞，还有一些明显可见的错误和谬见。如果对这种状态听之任之，不免令人感到遗憾"。他系统地分析作用在旋转椭球体上的诸力（如使之聚合的引力、使之分裂的离心力等），找到了致使旋转椭球体趋于不稳定的点。在当时的天体物理学领域，研究这类宇宙中不存在的理想物体被认为是毫无意义的。但在20年后，他构筑的关于椭球平衡体的理论体系，成为人们解释银河系自旋时聚而不散现象的必要理论依据。对钱德拉塞卡而言，对一个领域全面、完备的了解，掌握它的整个理论体系正是他科学生命的终极目标。

在追求科学美的不同方式中，简约美与系统美一样被认为是科学研究趋于完美的标志。牛顿与莱布尼茨分别创立了微积分，但牛顿的表述语言远不如莱布尼茨的简单明了，故而牛顿只保持了创立者的头衔，莱布尼茨的记法却沿用至今。爱因斯坦认为，将人们引向科学的一种积极动机，是"人们总想以最适当的方式画出一幅简化的和易领悟的世界图像，于是他就试图用他的这种世界体系来代替经验的世界，并来征服它"。钱德拉塞卡显然具有这种积极的动机，试图用简约的方式勾勒完美的世界图景。有人曾将他的研究方式比作是与方程式的搏斗，努力使数学符合于那些方程构筑的模型：

当最后得出了简洁的数学公式，当一切都在精、简、统一的数学形式各得其所地包装起来时,他知道他有答案了。

钱德拉塞卡善于使用公式和方程式等简约的形式来替代烦琐的文字表述。在他的书中,公式和方程的数量往往达到几百个之多。他还在每章结束后附加文献注释,对相关课题内容的发展给出简短但足够完整的历史叙述,从而给他的每部著作都烙上了简约的风格。值得注意的是,并非每位杰出的科学家都和钱德拉塞卡一般偏爱简约的研究方式。他在芝加哥大学的同事费米,以独特的理论洞察力和出色的实验技术冠绝物理学界,却并不擅长简单而严密的思维方式。他的学生泰莱格迪在评价费米时指出:

> 费米很少讲究简练,他什么方法都用,只要能得到答案。……如果他必须从纸上把曲面剪下来并称量它的重量以求得积分的数值答案的话,他便会这样做。

在两篇费米和钱德拉塞卡合著的论文中,费米是第一作者的论文里基本上没有公式,只有文字;而钱德拉塞卡的名字排在前面的另一篇论文中几乎没有文字,只有公式。与费米相比,钱德拉塞卡的研究跨越物理学、天体物理学和应用数学等多个不同的学科领域,却能够始终贯彻简约的标准,就愈加难能可贵了。

钱德拉塞卡在诺贝尔物理学奖颁奖仪式上所作的演讲中,细心描述了英国女作家伍尔芙所著《海浪》中的一个场景:

> 有一个正方形，有一个长方形。演员们拿起正方形并把它放在长方形之上。他们非常准确地把它放好，他们建造了一个完美的住处。留在外面的很少。现在建筑物可以看到了，未完成的部分在此已说明，我们不是那么多才多艺，也不是那么平庸无能，我们制作了长方形且把它们竖立在正方形之上。这是我们的胜利，这是我们的安慰。

在追寻真理光辉的道路上，钱德拉塞卡将自己看作伍尔芙笔下的演员们，以简约而有秩序的形式，在科学的庙堂中建造了一座完美的居所。尽管未完成的部分依然存在，人类以近乎完美的方式所获取的依然是对自然和宇宙并不完美的解读。但正如巴斯德所说："直至我们很荣幸地想起已经为人类谋了些幸福和进步的时刻，就可以勇敢地说：'我已经尽力而为。'"

四、以变为美的研究风格

1975年4月22日在芝加哥大学，钱德拉塞卡作了题为《莎士比亚、牛顿和贝多芬：不同的创造性模式》的演讲，指出科学家和艺术家在成果创造方式上存在巨大的差别。

> 一位科学家最"重要"的发现往往是他的第一个发现；相反，一位艺术家最深刻的创造多半是他最后作出的。

他认为文学家和艺术家，如莎士比亚和贝多芬，他们的创作生涯一直延续到晚年,并在生命的后期将创作和生活全面有机结合,分别创作出《暴风雨》和四重奏 16 号这样的伟大杰作。反观科学家,牛顿、麦克斯韦、斯托克斯、爱因斯坦等科学巨匠在晚年均未取得高水平的研究成果。

笔者认为,钱德拉塞卡指出科学与艺术工作的差别,是基于对自身科学探索历程的思考。毋庸置疑,钱德拉塞卡所述的科学家中年之后创造力衰退的现象,的确在科学界普遍存在。英国著名数学家哈代曾经说:

> 我还从未看到一个数学家过了 50 岁还能取得重大的数学进展……,一个数学家到 60 岁也许还有足够的竞争能力,但我们不可能期望他有创造性的思想。

英国著名生物学家赫胥黎甚至认为:"科学家过了 60 岁害多益少。"在科学领域,创造性研究是属于年轻人的专利,似乎已经成为多数科学家的共识。但是,也有少数创新能力特别持久的科学家,使这一似乎普遍适用的法则失效。深谙科学与艺术之间创造模式差别的钱德拉塞卡,以其充满辉煌创新成果的一生,向世人证明,他竟是突破创造法则的科学奇才。

回顾钱德拉塞卡的科学探索历程,同道和朋友们会发现他在研究领域的产出遵循一个固定的程式:

> 在近乎每个十年的开头,他选择一个新的研究领域。

随后，他就这个领域中的一些重要问题展开研究并撰写一系列论文。在这个十年即将结束的时候，他出版一本权威性著作，以一个新的、更加清晰的视角将这一研究领域重新呈现出来。

在他人生的第三个 10 年，钱德拉塞卡致力于恒星结构理论的研究；接下来的 10 年他转向辐射转移以及行星和恒星的大气理论的研究；第五个 10 年，他开始研究流体力学和磁流体动力学的稳定性问题；在他的第六个 10 年和第七个 10 年中，他开始挑战高度抽象化的相对论天体物理学以及黑洞的数学理论。他所撰写的论文和专著现已成为这些领域的经典之作，每一个真正投身于天体物理学和其他物理学领域的研究者都必须重视它们。

钱德拉塞卡何以能打破科学创新的普适性法则，在多个研究领域中持续做出高水平的创造性工作？通过阅读他的著作和传记，笔者认为，他对科学美的多样性的体验，致使他在科研探索中逐渐形成以变为美的研究风格，在不断变换研究领域的过程中延续他对科学美执着的追求。这一研究风格的形成，与他早年在恒星演化理论上与爱丁顿发生冲突的经历有密切的关联。1935 年 1 月 11 日，钱德拉塞卡受英国皇家天文学会之邀，在例行会议上介绍了他对恒星演化理论的相对论性简并研究的成果，得出对于质量大于 1.45 个太阳质量的恒星，白矮星将不是它演化的最终形式。对于这个演化理论的突破性结论，作为天体物理学领域权威的爱丁顿并未给予对年轻人应有的支持，相反，他以嘲弄的口吻"质疑钱德拉塞卡的逻辑和计算,并以不相关的理由轻率地否定了他的结论"。学术权威的无端指责和粗暴反对,迫使钱德拉塞卡不得不离开探索了近7年的恒星演化领域,转向新的研究领域,也冲淡了他对获取科学名誉和头衔的功利之心。

> 他显现出一种受审美理念所支配的独特风格。不屈不挠地去攻占一个个确定的领域。一旦攻占了,又有能力完全离开它而到另一个领域,这是钱德拉塞卡的科学追求的特点。

在以自己的第一部著作《恒星结构研究导论》(1939年)总结了他对白矮星的研究工作后,他投入了恒星动力学领域的研究。在这一领域工作几年之后,他出版了《恒星动力学原理》(1943年),接着又马不停蹄地转向辐射转移的研究。对钱德拉塞卡而言,研究的意义并不取决于取得成果的价值,而在于不断变换研究领域的过程中体验科学美的存在。在哥本哈根进行学术访问时,他以夸张的方式向家人谈及秋天的气候:

> 秋天啊!它在哥本哈根是可爱的。秋叶,在改变它们的绿、黄、红和深红的色彩中显得快乐和自负,在每一阵寒冷北风里兴奋地颤动——这是大自然演出的一出戏剧,它在刹那间(且几乎当仁不让地)揭示其本体的奥秘。

钱德拉塞卡敏锐地捕捉到了自然界中美丽的瞬间,他用拟人的手法,对秋叶在变换色彩中心态的描述,似乎也是他在探索过程中,孜孜不倦追寻科学之美的写照。外尔在评价希尔伯特的研究方法时说:

> 如果他埋头于积分方程中,那些积分方程便是一切;如丢开一个课题,他就永远丢开而转向别的。正是以这种独特的方法,他取得了多方面的成就。

钱德拉塞卡对科学美的追求,正如希尔伯特一样,沉浸在对不同研究领域的征途中。他还认为,许多伟大科学家成为自己成就的俘虏并远离创新之路,是由于更多俗务的纠缠:

> 他们将面对行政圈子的威望和权力以及迥然不同于一名科学家的新的生活道路和方式的诱惑。

同时,他认为还存在一种微妙的障碍,阻挠他们的创造力的发挥,钱德拉塞卡指出,那些促成他们作出重大发现的特殊条件(如新实验事实的意外发现、新技术、其他人的部分成功和失败),是不可能重复出现的。因此,他们期待重新体验过去的辉煌也是无法实现的。而对钱德拉塞卡而言,探索的意义并不是回到过去,只有不断变化研究方向才能获得美的享受。

每隔 10 年投身于一个新的领域，可以保证你具有谦虚精神，你就没有可能与青年人闹矛盾，因为他们在这个新领域里比你干的时间还长！

正是凭借独特的以变为美的研究风格，钱德拉塞卡摆脱了困扰许多杰出科学家的创造能力衰退的困境，得以在不同时期不同领域取得同样出色的研究成果。

钱德拉塞卡对于美的多样性的探求，是建立在他对科学美一致性理解的基础之上。他将理论科学分为基础科学和导出科学两部分，认为基础科学中的理论在多个导出领域的应用中具有普适性。他以"布朗运动"现象为例，认为用于揭示溶液中微观胶体粒子运动的基本概念同样可用于解释星群的运动，从而得出这两类问题在本质上具有基本的一致性。在转变研究领域后，钱德拉塞卡根据科学美的一致性，将解释其他领域中问题的基本理论引入新的研究领域，开辟了许多新的研究方向，从而极大地拓宽了该领域的研究范围。有人说：

研究钱德拉塞卡的工作犹如观看一条小溪的流程。以一部专著结束的钱德拉塞卡工作的一个完整时期看上去好像溪流驻留在一个天然壁障处。然而，它立即开辟一条新途径。一开始只是涓涓细流，不过，一条新溪流不久就出现了。

许多领域在钱德拉塞卡研究之前，只是天体物理学里很小的角落，他的研究给该领域带来了前所未有的新应用和新方向。

钱德拉塞卡曾将探索真理的过程比作攀登一座很高但不是高不可攀的山峰。他并不奢望"在一个天气晴朗无风的日子里去攀登珠穆朗玛峰并登上它的顶点，在宁静的空中，纵览那在雪中白得耀眼的一望无涯的喜马拉雅山脉"。因为他深知，任何人都不可能看到自然界和宇宙的全部图景。"但是，仅仅站在峡谷的底端等待着太阳越过干城章嘉峰，也未免太俗不可耐了。"尽管科学探索的道路永无止境，他并不会因此而裹足不前。恰恰相反，由于他把探索的历程等同于在自然界和宇宙中追寻美的过程，沿着崎岖的山路前行，在不断变化的景致中追寻美的足迹，享受探索带给他的平静和内心的安宁，故而能够毕生保持旺盛的创造热情，成为科学崖壁上与美偕行的攀行者。

（作者：张　煌　朱亚宗）

玻姆
探索量子物理实在性的智者

戴维·约瑟夫·玻姆

(David Joseph Bohm, 1917—1992)

恩师戴维·约瑟夫·玻姆教授 1917 年 12 月 20 日生于美国宾夕法尼亚州巴尔小镇，1992 年 10 月 12 日卒于伦敦一家医院，享年 74 岁。他把毕生精力奉献给了人类探索实在本性的科学事业。作为一位卓越的量子物理学家，他不仅在物理学主流研究（诸如等离子体物理理论、金属理论、高能粒子理论以及 AB 效应等）中作出了其独特的贡献，而且更重要的是，在量子力学的基础研究中，他以反潮流的大无畏精神和严谨求实的科学态度，对于玻尔创立的量子力学正统观点提出了挑战。多年来，他在 1952 年发表的关于量子因果解释的两篇著名论文，一直是实在论物理学家从事量子力学基础研究的鼓舞力量和思想源泉。作为一位伟大的科学思想家，他和爱因斯坦一样，坚持科学的任务不仅在于描述自然，而且在于理解自然。他强调科学观念中概念的明晰性，高度重视第一原理的基础研究。他的自然哲学思想是反还原论的与开放的。他融西方科学精神与东方哲学于一体，坚持现代科学支持的整体性实在观念。他关于物质与精神本性的隐序实在观，超越了传统科学与传统哲学的疆域，对于科学与人类文明的未来，具有潜在的和深远的影响力。

一、从宾夕法尼亚州、加利福尼亚州到新泽西州

玻姆并非出身于科学世家，他的父亲原籍奥匈帝国，是一位有

犹太血统的家具商，后迁居美国宾夕法尼亚州北部一个矿山小城卫尔斯·巴尔镇，玻姆就出生在那个小镇。少年时代的玻姆就对科学感兴趣，8岁时就开始阅读科学小说。一本天文学的书对其智力形成产生了巨大影响。事隔数十年，玻姆仍清楚记得他当时被浩瀚而秩序井然的宇宙深深迷住的情景。自那以后，小玻姆便与科学结下了不解之缘。大量时光都花费在阅读与思考上面。他常常迷恋于探寻事物的活动机理，有时甚至设计出一些机械装置。例如，一只"不滴水的壶"就是他的得意之作。玻姆的父亲开始为自己的儿子如此地迷恋科学而担忧，总觉得一个人怎能以"科学"谋生。玻姆却不愿秉承父旨，操持家业。为了迎接未来生活的挑战，他设想以发明为生，为把"不滴水的壶"推向市场而奔走调查过。

在接受物理学启蒙教育的高中阶段，他的抽象思维能力得到很大提高，甚至思考过这样的问题：物理学理论是怎样使人们建构起对于实在的一种理解的？他在故乡宾夕法尼亚大学第一次有一定深度地系统学习量子力学与相对论时，立即就着了迷。对于玻姆来说，走科学的道路已经成了他不可逆转的选择，他决心把自己塑造成一名理论物理学家，以物理学的认识形式，去探索实在的奥秘。

1939年玻姆在宾夕法尼亚大学获得科学学士学位，随即来到加利福尼亚大学的伯克利分校，成了罗伯特·奥本海默的博士生。当时，奥本海默领导着美国研制原子弹的曼哈顿工程。玻姆参加了加利福尼亚大学辐射实验室有关曼哈顿工程的研究工作。他最早从事的课题是氟化钠在电弧中的电离化研究，这是曼哈顿工程中分离铀 238 课题的一个子课题。

1943 年玻姆完成了关于中子 – 原子散射的理论研究，获得博士学位。这之后，他继续留在辐射实验室从事等离子体理论、回旋加速器理论与同步回旋加速器理论的研究工作。他在该实验室的大量工作是解决各种技术性问题。但他特别注重分析等离子体现象的物理机理。他发现，与等离子体单个粒子是高度相关的。他率先认识到，等离子体理论为改进对金属电子理论的理解提供了许多实际可能性。因为他深信，用均匀分布的正电荷取代正离子就可以把金属描绘成一个高密度的等离子体。玻姆认为：在等离子体中库仑相互作用极大程度地组织化了（表现为电屏蔽效应与电磁振荡效应），因此，努力设计一种金属的等离子体理论，作为对于单电子金属理论的重大补充，是有价值的。

1947 年，奥本海默举荐玻姆到新泽西州的普林斯顿大学任助理教授，担任量子力学课程教学，同时还给研究生开设等离子体物理学与高等量子力学讲座，并指导他们撰写学位论文。他与研究生潘尼斯合作，对于电子相互作用的等离子体描述所作的系统研究，就是在玻姆前期研究思想指导下进行的。他们首次用集体坐标描述电子相互作用的长程行为，用粒子坐标描述电子相互作用的短程行为。在无规相位近似中，集体模式完全解除对于个别电子的耦合，剩下短程相互作用的电子系统，可以用微扰理论处理。他们引入的无规相位近似可视为一种与时间相关的平均场理论，后来被广泛地应用于从原子的壳层电子到夸克物质的各种多体问题之中。潘尼斯写道：

……作为导师、合作者与朋友，戴维·玻姆引导我认识到物理思想与物理直觉的首要性；他教导我从许多不同透视中去观察一个特定的问题，以及使用一切必要的数学技术去检验物理思想的重要性。我非常感激他不仅在理论物理方面，而且在作为一位理论物理学家的工作方式方面给予的启蒙教导。

在普林斯顿大学，玻姆还指导了格罗斯、维恩斯坦和福德等其他学生在量子等离子体物理领域作其他开拓性研究。格罗斯写道：

……戴维其人过去是，现在仍然是全神贯注于对于事物本性的平静和深情的探索之中。他与世无争，毫无狡诈。戴维给我的第一个印象是：他来普林斯顿不久所作的一次等离子体物理学的学术报告。当时我正在寻找论文导师。戴维·玻姆以其独特的气派为学生选题提供了广袤的范围。显然，必须探索的问题域是巨大的。概念问题与实际问题的交织非常诱人和令人兴奋。一般的论文是按进行中的纲领做简单的下一步。有机会做一篇内容比这多得多的论文是多么幸运啊！我努力做笔记，非常细心地写成讲稿。我把它交给了戴维。于是，他选定了我作为他的学生。我们在一起度过大量的时光。我们有时在黑板上演算，但主要是交谈，戴维无须纸笔也可以探讨理论物理。数学得心应手，有意义的结果水到渠成。

玻姆早期对量子力学的理解受到玻尔互补思想的深刻影响。早在攻读博士学位期间，他就经常跟另一位悉心研究量子力学的博士生约瑟夫·温伯格讨论量子理论的哲学蕴涵。当时，玻姆自信是玻尔观点的支持者。他听从一位朋友的劝告，尚未去普林斯顿大学就着手撰写他的《量子理论》一书，试图从玻尔的观点来阐明量子力学抽象数学的内在物理意义，以达到通晓量子力学的目的。这部著作于1950年完成。次年由纽约Prentice-Hall公司第一次出版，后来持续重印发行。一般认为这是当时最好的量子力学教程之一。它的主要优点是：对于量子力学数学方程式背后的主要物理思想给出了清晰的阐述，并且相当详尽地讨论了通常被别的教程所忽视的困难问题（例如量子理论的经典极限问题、测量问题以及EPR悖论等）。这些问题至今仍是许多基础性研究论文的主题。特别是，玻姆当时就看到了量子力学的非局域性。他用自旋系统重新表述的EPR实验，不仅有利于澄清EPR悖论的实质性争端，而且启示人们使用电子偶素衰变或光子联级辐射来设计实际实验。这些现已实施的实验，使这场物理的形上学辩论转化为技术性很强的硬物理学。

正值玻姆撰写《量子理论》期间，发生了玻姆生平中最不愉快的一系列事件。众所周知，战后冷战初期，美国有一段麦卡锡主义时期。这就是，美国国会参议员约瑟夫·麦卡锡领导的非美活动委员会与美国联邦调查局在20世纪40年代末50年代初开展的一场清洗运动。这场运动也危及到了玻姆。1949年5月25日，玻姆被召到众议院非美活动委员会听证室,要他就二战期间与他一道在伯克利辐射实验室从事曼哈顿工程研究的部分朋友和同事对于美国的忠诚问题作出证明,因为他们被无端地指控为共产党间谍或其同情者。玻姆出于对自由的热情信奉,拒绝作证。经过法律咨询,他决定乞求于美国宪法中关于公民权利的第五修正案,该修正案(1791年批准生效)明确规定:"不能要求案情人物对自己的犯罪作证。"一年以后,他的申辩被驳回,美国联邦调查局以蔑视国会罪对玻姆提起公诉。庆幸的是,在等待法院判决期间,最高法院规定"如果本人没有犯罪,且证词是自陷法网,则不应强迫其作证"。据此撤销了对玻姆的起诉。此间,普林斯顿大学劝玻姆莫在校内露面,这促使他比预料的时间早得多地完成了《量子理论》的撰写。

可是,玻姆刚完成此书,便觉得自己并没有真正理解量子力学。他尤其不满意的是,书中并没有为独立的实在(例如,原子跃迁的实际过程)这样一个合适的观念留下地盘。于是他着手考察量子现象的另一种观点,那就是:如果一个波从某个源扩展开来,那么,另一个波必定汇聚于它被观察到的那个地方;这样,一个波以某种方式产生着另一个波……,新的波会扩展到电子将被观察到的那个地方。

当时,玻姆将他的书分寄给了爱因斯坦、玻尔和泡利。玻尔没有答复。泡利热情地称他写得好。爱因斯坦邀请玻姆到他的寓所作深入讨论。他们的讨论集中于批评量子力学不允许对于世界结构作任何实在性理解上。多次深入讨论极大地强化了玻姆这样一种信念:就物理学应该对实在作出客观而完备的描述而言,在量子理论中缺少了某种基本的东西。在爱因斯坦的直接激励下，玻姆对于是否可以找到量子理论的决定论扩展，变得极感兴趣。这时，玻姆在普林斯顿大学的合同期满，奥本海默劝他不要在美国找工作，以免麦卡锡主义充分得势后再遇不测。

二、辗转巴西、以色列和英国

1951 年秋，经巴西朋友介绍，玻姆在巴西的圣保罗大学获得教授席位。在那里从事量子理论基础与物理学中的哲学问题研究。果然不出奥本海默所料，玻姆在巴西期间，美国官方取消了他的护照，致使玻姆开始了流亡国外的学术生涯。

玻姆对于现行量子理论的反思，使他确信：我们实际上还没有达到量子理论的最底层。他一方面接受了爱因斯坦关于量子力学对物理实在描述不完备的观点，把探索对物理实在更精细的描述定为研究目标；另一方面采取了玻尔关于量子现象的整体性观点，强调微观粒子对于宏观环境的全域相关性，以协调量子力学正统理论的矛盾。这种兼收并蓄的做法使他得以避开冯·诺伊曼关于隐变量不可能性论证的制约，只按哈密顿-雅可比理论的要求，将薛定谔方程变形并赋以新义后，顺利发现了他关于量子力学的本体论因果解释。值得提及的是，这一发现是玻姆利用前往圣保罗大学任教前的一段间歇时间进行他所谓的"物理概念实验"的产物。

玻姆关于量子力学隐变量因果解释倡议的两篇论文发表在 1952 年《物理评论》上。第一篇是针对单粒子系统的；第二篇则把因果解释推广到多粒子系统以及电磁场系统之中。后者是为了回答泡利等人的非议而写的。当玻姆将他的第一篇论文预印稿向德布罗意通告时才得知：他的倡议实质上是 1927 年索尔维物理学研讨会上德布罗意曾提出过的导波理论。由于未能答复泡利的非议，又得不到对量子理论持反主流观点的爱因斯坦的支持，德布罗意当时不得不放弃了它。现在玻姆受到了泡利的指责，说是"新瓶装老酒"，是早已被驳倒了的东西。玻姆的第二篇论文不仅正面抵挡住了正统观点的种种非难，而且还把德布罗意带回到了他原来的立场上。

1953 年至 1956 年，玻姆发表了一系列论文，使得他的因果解释变得在技术细节上无懈可击。它不仅能导出正统观点所能说明的一切统计实验信息，而且更重要的是，它免除了正统解释中跟量子力学迭加原理以及测量问题相关联的一切概念困扰。玻姆的量子力学因果解释的核心思想涉及两类变量：一类是粒子变量，它是有连续径迹的；二是波函数，它遵从决定论的演化方程（即薛定谔方程），不仅具有常规的概率幅含义，而且确定着作用于粒子上的量子势。量子势是一切量子效应的唯一缘由。当量子势远小于经典势时，量子粒子便退化为经典粒子。这样，玻姆首次为人们提供了一个自洽的跟经典本体论相连贯的量子力学本体论思想。当时玻姆把使量子力学描述完备的粒子变量视为量子力学的隐变量，而把波函数视为量子力学的显参量。其实，粒子变量是直接显示于测量之中的，而波函数则隐含于量子测量之中。所以，这种因历史原因的用词不当被贝尔指出之后，玻姆便放弃了"隐变量"一词，而把他的解释称为本体论解释或量子势因果解释。

在发表量子力学隐变量因果解释论文前后，玻姆一直力图说服爱因斯坦相信他的解释。1953年2月4日玻姆在给爱因斯坦的信中写道：

> 感谢您给我寄来将在玻恩纪念文集中发表的论文（这就是著名论文"上帝是不掷骰子的"，文中提到玻姆更加机智地发展了德布罗意的原始思想；然而，他们的解决方案是"廉价的"）。您也许猜到了，我并不完全同意您关于由德布罗意和我所倡议的因果解释以及关于玻恩的通常解释所说的话。因为，如我在信中将要说明的，我并不认为玻恩理论实现了这样的条件，即作为一种极限情形，它包含了宏观系统的行为。

1953年2月17日爱因斯坦致玻姆复信写道：

> 十分感谢您对我的小文章的迅速反应。当然，我本不期望您同意我的观点，因为几乎没有人会愿意放弃一项他已经付出巨大劳动的事业。

对此，玻姆于1953年2月复信写道：

> 无须说，我仍然不同意您的意见，我认为这并非出于"不愿意放弃一项投入了巨大劳动的事业"。事实上，您也许记得，在写完一本论量子理论的寻常解释的书之后，当

提供了使我信服的论据之时，我就放弃了这种解释。可是，我现在认为，您的这些论点并不像以前的有助于我考察量子理论因果解释可能性的那些论据令人信服。

经过一番辩论，爱因斯坦与玻姆的交锋大为缓和。1954年10月28日爱因斯坦答复10月18日玻姆的另一封信中写道：

……从来信得知您身体很好，并且得知我们的努力（指让玻姆的评论文章与爱因斯坦的前述论文在玻恩纪念文集一道发表）似乎是成功的，感到非常高兴。跟您一样，最近几年我的大部分努力花在完备的量子理论上。但是，在我看来，我们离问题的圆满解决还相当遥远。

1955年秋，玻姆离开巴西，前往以色列任海法大学技术学院教授。这是玻姆生涯中最艰难的岁月，虽然，在流亡期间，他能得到挚友与学生们给予的精神支持与安慰，但是在量子理论领域中，逻辑经验主义的哲学思潮已经先入为主地占据了统治地位，一般物理学家已经对于物理学理论基础的研究不再感兴趣了。因此，他的关于量子理论的新见解受到大多数理论物理学家的冷遇。当时他深感缺乏与同行们切磋的机会。就在玻姆处于最艰辛的时刻，幸运地遇到了莎娜·沃尔夫逊小姐，她写道：

我第一次遇见戴维时，他义无反顾地去真诚地看待每一件事情的巨大勇气，深深地打动了我。他随时准备正视现实，不论结局如何。

共同的价值观使两人走到一起，玻姆与莎娜于 1957 年在以色列结婚。

在其学术研究处于近乎孤立的境况中，玻姆从未停止他对于科学真理的追求。他的著作《现代物理学中的因果性与机遇》，就是他在巴西与以色列期间撰写的。这本书已有法、俄、德、日、中等多种文字的译本，其原版在继续印刷了 25 年之后，1984 年又以新版发行。玻姆在这本书中倡导并雄辩地阐述了一条崭新的自然哲学观点，即决定论与统计的机遇律是自然定律的单一结构的两个侧面，这个定律结构要比这两者更深入，更具综合性。为了支持这一观点，他建议把量子因果解释中得到的径迹视为亚量子力学层级上一种更深过程的某种平均效果。在这亚量子力学层级上存在一种遵从新型因果律和新型统计涨落的结构实体。玻姆反对一切形式的机械论，提出了自然的无穷性观念。他在强调宇宙中事物的无限多样性和无限多质性的同时，又强调宇宙事物的整体性。他认为：

> 基本实在就是存在于变化过程中的事物的总体。……这个总体是囊括一切的。因此，它的存在、它的意义以及它的任何特征都不依赖于它自身之外的任何别的东西。就这种意义而言，变化过程中的事物的无穷整体是绝对的。……变化过程中事物的总体只能借助于抽象序列来表

征，而每一个抽象只能在有限范围内、有限条件下及适当的时间间隔内才可能近似有效。这些抽象之间有着许多可以合理地被理解的关系。因此，它们代表着处于相互倒易关系之中的种种事物；每一个用某一具体抽象所表述的理论，有助于界定用别的抽象表述的不同理论的有效域。

1957年，玻姆离开以色列来到英国，从1957年到1961年任布里斯托尔大学威尔逊物理实验室的研究员。在那里，他接纳了一位有才华的研究生阿哈罗诺夫，他们卓有成效地工作，研究过许多重要问题。其中对物理学主流研究影响最深远的是关于对电磁势在量子电动力学中地位的系统研究，他们首次证明了即使在没有电场与磁场的区域内，电磁势对于电荷仍有效应。物理学共同体称之为AB效应。

三、伦敦大学30年

1961年秋，玻姆获得了跟他的声望相称的学术职位，成了伦敦大学伯贝克学院理论物理教授。虽然在这之前，美国政府已经撤销了对他的一切指控，并最终允许他返回美国本土，但是玻姆教授选择了伯贝克学院作为他继续从事量子理论、相对论与当代哲学问题研究的归宿地，在此度过了后半生的30年时光。

20世纪60年代初，杰克逊和潘尼斯组织编辑了一套《物理教学笔记与增补丛书》。这套丛书具有处理问题清晰、坚实、新颖等特点，是大学物理专业高年级学生喜爱的读物。玻姆为这套丛书撰写的《狭义相对论》于 1965 年出版。玻姆的著作均注重物理概念的清晰，强调物理观念和物理理论的整体性，而有别于相同主题的许多其他专著。

　　从 20 世纪 60 年代后期开始，玻姆从量子势及量子整体性的本性出发，认为有必要从根本上重建我们的实在观。他领悟到实现这一目标必须对物理学惯用的、以事物可分性假设为基础的思维模式和语言表述给予根本的改造。他想要抛弃传统的连续时空中的粒子与场的观念，以结构过程观念取而代之。他称基础层次上的结构过程为完整运动，而物理学所讨论的东西（包括时间、空间、粒子与场等）则是这种完整运动的亚稳与半自洽的种种表现。

　　从完整运动概念到玻姆的隐序观念，只需跨越很小的一步。这里值得提到三个动因。首先，追溯到玻姆与印度哲学家克里什纳默蒂在 20 世纪 60 年代的交往。这位东方哲学家的著作《第一与最后的自由》提到观察者与被观察者不可分的观点，正好是量子理论的论题，引起玻姆的强烈共鸣。不过，克里什纳默蒂指的是精神的整体。玻姆由此领悟到量子理论中的情况与克里什纳默蒂的这一观点有着很大的相似性。他从东方哲学家那里获得了逾越物理学去探索人类意识真谛的巨大力量。于是，一位西方物理学家和一位东方哲学家很快成了探索实在（包括物质与精神）的整体序的学术挚友。

　　其次，要提到的是唤起玻姆灵感的一个实验。这是 BBC 播放的由大不列颠皇家研究院安排的墨水 - 甘油实验：在一个特制的广口瓶内装有一个由其顶部的手柄操纵的可旋转的圆柱体。在玻璃瓶与圆柱体之间的狭窄空间内盛满甘油，再从瓶的上方滴入一滴墨水。当玻姆注视着手柄旋转操作时,他猛然发现黑色墨水已"卷入"到浅色的黏滞甘油之中,散开得几乎化为乌有了。接着手柄反转,好像变戏法一样,原先的墨水滴又重新出现了,它是从甘油中"拓展"出来的。玻姆看到时,竟惊呼起来:"好啦,这就是我所需要的!"此后,墨水-甘油实验就成了他解释他的隐(卷入)与显(拓展)序理论的一个形象化比喻。

再次,对于卷入-拓展观念最有意义的促进因素,也许来自量子力学的格林函数方法。因为这方法以准确的数学形式表达了前后时刻的波函数信息的卷入-拓展关系。由于格林函数方法可以代数化,所以,玻姆认为,描述隐序所需要的基本数学将涉及矩阵代数。

玻姆的上述思想先以两篇论文的形式发表,后收集在玻姆的第四部著作《整体性与隐缠序》之中。这部力作是他在20世纪60年代至70年代里,对于作为一个整体的(普遍)实在与(特殊)意识的本性探索的产物,代表他的自然哲学思想的新发展。玻姆雄辩地证明:科学本身要求一种新的、不分割的世界观。因为:

把世界分割为独立存在着的部分的现行研究方法在现代物理学中是很不奏效的。……业已证明:在相对论和量子理论中隐含的宇宙整体性观念,对于理解实在的普遍本性会提供一个序化程度极高的思维方法。

在伯贝克学院物理系,玻姆的研究工作得到了他的同事海利博士的充分理解与支持。自20世纪70年代始,海利成了玻姆的亲密朋友与合作伙伴。他们在量子理论与相对论基础研究中有效地合作,发表了一系列论文。此间,玻姆在海利的协助下,指导他们的研究生做了两方面的工作。一是将早期的量子势模型应用于双高斯缝、一维势垒(势阱)散射以及自旋测量等具体情形中,通过计算机仿真数值计算,给出了这些情形中量子势与粒子径迹的空间分布。这工作是由皮里普斯与丢德尼具体实现的。他们工作的重要意义在于:拨开笼罩物理学达半个世纪的"波粒二象性"迷雾,使人们能直观地把握量子实在的本质特征。二是他们对于量子力学本体解释的重新表述。在新的表述中,量子势的形式特征得到了强调,致使量子势因果解释能较好地推广到相对论领域和量子场论的情形之中。后一工作是卡罗叶若的博士论文主题。

玻姆和海利关于量子力学的本体解释,是跟玻姆的隐序观念相适应的。在他们看来,在非相对论量子力学因果解释中,作为显序的粒子变量受到作为一级隐序的信息场(即量子势)的调控,而在相对论量子场论的因果解释中作为一级隐序的场变量则受到作为二级隐序的泛函信息场(即超量子势)的调控。在玻姆看来,隐序是不可穷尽的。

这里,我谈谈玻姆教授对我的影响与教诲。我在青年时代就酷爱理论物理学,对于现代物理学中的哲学问题颇感兴趣。玻姆的《现代物理学中的因果性与机遇》(*The Causality and Chance in Modern Physics*)一书深深地迷住了我。我很快把它译成中文,译文经秦克诚修改后,于1965年由商务印书馆出版。我有幸于1980年初到伦敦大学师从玻姆教授。他给我的第一个印象是谦和慈祥、思维敏捷。我在自我介绍中，对未事先征得同意就翻译他的著作一事深表歉意。他宽宏大度，而且高兴地告诉我，他的书已有德、俄、法、日 4 种译本。我当即把中译本赠给他。他非常高兴，随手就从书架上取出《整体性与隐缠序》(Wholeness and the Implicate Order) 题名赠我。根据我的情况，他建议我去帝国学院听伊沙姆的《代数拓扑》，去国王学院听泰勒的《量子引力》，这使我能更深入地理解玻姆的物理学思想。我发现：玻姆教授重视学术对话与交流，但不求闻达于社会；他作风严谨，生活简朴，爱好古典音乐。几片面包和一杯牛奶就是他的工作午餐。他基本上是步行上下班，其夫人在离校几里路以外的停车场接送他。

第二年 2 月的一天，我在图书馆偶然读到胡克的一篇论文《形上学与现代物理学》，很受鼓舞，于是产生了以物理学与物理实在为主题写一本书的念头。回到系里，顿时觉察到，一个完全的物理学理论应是一个四维体系，即理论基本概念的操作定义、理论的数学结构、理论的本体解释和理论的历史延拓。当时我很兴奋。未经预约就跑到隔壁玻姆教授的办公室同他谈了自己的打算。他对于我对物理学作形上学的探究很感兴趣并表示支持，转身在黑板上写上 metaphysics（形上学）一个词。他说：

> 形上学是处理事物第一原理的哲学分支。人们并不知道实在的终极本性，所以许多现代哲学家和科学家都反对搞形上学。殊不知，形上学是任何人都回避不了的。问题

是对形上学应采取一种正确的、开放的态度，应该不时地对旧有的形上学观念进行反思与修正，让更好的形上学观念取而代之。

他又在黑板上并排写上 ontology（本体论）、epistemology（认识论）和 methodology（方法论）三个词，分别用线跟 metaphysics 相连，向我详细阐明了它们之间的关系。玻姆的这番教诲对我以后的工作有着潜在的影响。4 个月后，我的手稿《物理理论的结构及其展开》(*The Structure of Physical Theories and Their Unfoldment*) 写成了。

玻姆教授逐章逐节审阅，连文稿中丢掉的冠词他都一一填上了。我为他的这种极端认真负责的精神所感动。就是在审稿期间，他的心脏病发作了。7 月间他住院做了心脏血管搭桥手术。术后一周，我前往医院探望他时，玻姆夫人告诉我，玻姆教授已坚持自理与独立行走了。当他得知我要在 12 月份回国时，出院后立即继续审阅我的手稿。最后，在 11 月底，玻姆与海利一起，花了整整一下午的时间为我的书写前言。回国后，玻姆和海利一直跟我保持联系，不时地寄来他们的新作以及重要论文的预印稿。恩师对我的谆谆教诲我永不忘怀。

1983 年秋，玻姆教授从伯贝克学院物理系退休，成为伦敦大学退休名誉教授。退休后，他仍然关心并指导伯贝克学院物理系由他开创的关于量子理论与相对论的基础研究。此间，玻姆的学术观点和科学思想在各学术界获得愈来愈多的认可、理解与支持。在玻姆

70岁寿辰时,由海利与皮特主编的纪念文集《量子蕴涵》问世。撰稿人跨越物理学、哲学、生物学、艺术、心理学等众多领域,包括一些当代最卓越的科学家。它是一部研究玻姆思想及其影响的重要文集。

普里高津(比利时理论物理学家、诺贝尔奖获得者)写道:

……无须枚举他对于现代理论物理的基本贡献;这些是科学共同体所熟知的。然而,戴维·玻姆独到之处在于他深深地卷入到认识论问题之中。

德·斯派格纳(法国理论物理学家)写道:

爱因斯坦断言:物理学中最基本的东西不是数学,而是基础概念集。……在我们这一代物理学家中,戴维·玻姆显然是第一个用自己的例子来阐明爱因斯坦这一格言的深刻真理的人。许多人(包括我本人)是通过阅读他的1952年论文从一种"教条的昏迷"(康德语)中觉醒过来的。但玻姆比任何人都更强烈地告诫我们:不要从一种教条跳进另一种教条。

贝尔(美国理论物理学家)写道:

对于我来说,玻姆1952年论量子力学的论文是一部启示录。它消除了非决定论。这是非常引人注目的。但是在我看来，更为重要的是消除了对于把世界暧昧地分成一方为"系统"与另一方为"仪器"或"观察者"的任何需求。从那时起，我总是觉得在对于量子力学意义的任何讨论中，那些没有掌握这些论文思想的人（遗憾的是，至今他们仍为多数）是智力不足的。……我认为，量子理论（具体的量子场论）的常规解释是非职业的含糊与暧昧。职业理论物理学家应当能够做得更好；玻姆已为我作出示范。

1984 年 5 月 11 日国际特别使命基金会邀集了 44 位不同国籍、不同年龄、不同专业的学者，在英格兰洛色斯特郡密克顿兹沃德山庄举行一次周末座谈会，集体访问玻姆教授。请他谈谈关于精神、物质、意义、隐序以及从人类自我到上帝本性等一些重大问题的最新近思想。玻姆认为：

> 对话不仅会改变人与人之间的现存分裂关系，增加人际间的和谐与协调，而且，甚至会改变产生出这些分裂关系的意识本性，更大规模地释放出意识的创造力来。
> ……要从政治、经济和社会各方面改变这个世界，意义变化是必需的，但变化必须始于个人。……对旧思维方式的挑战是化解，而不是以意志或武力对抗、征服、控制或摧毁之。

1987年《科学、序与创造力》问世。这是玻姆与皮特的合著，是他俩15年间一系列对话演化的产物，正如本书导言中所表明的，他们对于科学和艺术具有共同的本质持相同的见解。在这部激发思想的著作中，他们追溯了科学的历史，从亚里士多德到爱因斯坦，从毕达哥拉斯定理到量子力学，关于科学理论怎样演变成现在这个样子，关于怎样消除束缚创造力障碍以及关于科学怎样才能导致对于社会、人类生存条件和人类精神本身的更深理解，提出一系列引人入胜的洞见。

1989年出版的《探寻意义——科学与哲学的新精神》是由皮尔凯伦编辑的文集，它以玻姆的工作为基础，讨论了这样的思想：意义不是一种被动、缥缈的东西，而是主动地确定着精神与自然中所发生的一切的东西。撰稿人坚持这样的观点：为了人类的生存，根本的变化是至关重要的。只有世界对于我们意义的改变，才构成世界的真实变化。我们必须重新构建我们对于实在的感知，从而，重新构建生活的意义。一旦我们的恐惧、贪婪与仇恨心理背后的非理性得到了理解，它们就开始化解，从而让位于理智、友谊与同情，只有这时人类才开始治愈自身和这个行星。

玻姆的遗作《不可分的宇宙——量子理论的一种本体解释》是与海利合作的产物。书中的内容是他俩20多年来讨论的主题，即是否有可能为量子力学提出一种本体解释。他们发现整体性观念是这种解释的核心。一个系统构成一个整体，其整体行为要比其部分行为之和丰富得多。在玻姆-海利的本体理论中，这种整体性是通过非局域性观念表现出来的；后者似乎为相对论所否认，却并不为实验观察所拒斥。尽管如此，非局域性并不太适宜于由微分流形先验地给定与描述的时空结构。因此，他们在该书的最后一章提出了一些他们迫切想要进一步发展的超越现行范式的崭新概念。遗憾的是，这部他临终前才完成的著作，在他去世后才问世。

玻姆虽然离开了我们，但他留给人类的精神财富会赋予人们生活以高尚意义，这是值得我们永远纪念的。

（作者：洪定国）

中村修二

从技术改造能手到诺贝尔物理学奖得主

中村修二

(Shuji Nakamura, 1954—)

自 2000 年以来，日本已有十几人摘得诺贝尔自然科学类奖项桂冠（含个别日裔美籍物理学奖得主）。这些人的获奖研究成果大都是在高等院校或科研院所工作期间取得的，只有 2002 年的诺贝尔化学奖得主田中耕一和 2014 年的诺贝尔物理学奖得主中村修二是例外。其中，中村修二可以说是例外中的例外。中村修二获诺贝尔物理学奖时已加入美国籍，当时的身份是加利福尼亚大学圣芭芭拉分校工学院材料系教授，但他的获奖研究成果——高效率蓝色 LED 的发明却是在日本的一家小型家族企业工作期间取得的。

LED 是 Light Emitting Diode（发光二极管）的缩写。它的心脏是一个半导体晶片。该半导体晶片由两部分组成：一部分是 P 型半导体，在其里面空穴占主导地位；另一部分是 N 型半导体，电子在其中占主导地位。P 型半导体与 N 型半导体接触后，在它们的交界面会形成 P-N 结。给 P-N 结加载正向电压后，电子就会由 N 区被推向 P 区，并在 P 区与空穴复合，同时以光子的形式释出能量。光的颜色是由光的波长决定的，而光的波长又是由组成 P-N 结的材料类型与成分决定的。当前，用来制作 LED 的半导体材料大多是金属化合物半导体。

LED 的主要优点是寿命长，可达到 10 万小时，而白炽灯的寿命通常只有几千小时，荧光灯的寿命也只有 1 万小时左右。而且，

LED 属于冷光源，没有红外线和紫外线耗损。因此，在同样亮度下，LED 耗电量大约仅为普通白炽灯的十分之一、荧光灯的二分之一。目前，照明消耗了全球发电量的近四分之一，超过了水力和核能发电量的总和。若今后全球逐步改用 LED 照明，必将会产生巨大的节能环保效益。

  科学家们在研制 LED 过程中，首先攻克的是红外和红色 LED，其次是波长稍短的黄色 LED 和绿色 LED，之后才是波长更短、难度更大的蓝色 LED。有了红、绿、蓝三种基本色光之后，人们便可以复合出光谱中的任何一种色光。换言之，没有蓝色 LED，全彩 LED 显示便不可能实现。而且，没有蓝色 LED，也就不可能有白光 LED 照明。因此，2014 年度的诺贝尔物理学奖授予了为攻克蓝色 LED 作出开创性贡献的 3 名科学家：赤崎勇、天野浩和中村修二。有关名古屋大学教授赤崎勇、天野浩师徒二人在研制蓝色 LED 过程中所发挥的作用，笔者 2014 年已著文进行了论述。在此，想重点揭示工匠出身的中村修二在发明高效率蓝色 LED 过程中所作的贡献。

  中村修二早年曾写过多篇有关蓝色 LED 的研究述评，2000 年赴美执教后又推出了多本论及蓝色 LED 开发内幕的著作，而且其在日亚化学工业公司工作时的上司小山稔也写过一本与蓝色 LED 的开发有关的书。以下，拟主要基于这些文献以及诺贝尔奖委员会公布的一些资料，系统地考察中村修二"发明高效率蓝色 LED，带来节能明亮的白色光源"的具体过程，并在此基础上针对自行改造或设计制作实验装置的重大科技创新，尤其是在颠覆性创新中的意义谈些初步的看法。

一、通往日亚化学工业公司之路

中村修二 1954 年 5 月 22 日出生于日本四国岛上靠近濑户内海一侧的爱媛县，和 1994 年诺贝尔文学奖获得者大江健三郎是同乡。其父是日本四国电力公司的一名主要负责变电站维护保养的普通员工。中村修二在家排行老三，上面有一个姐姐和哥哥，下面还有一个弟弟。中村修二读小学二年级时跟随全家由爱媛县西南部的西宇和郡搬迁至爱媛县西部的大洲市，并在那里读完了市立的小学和初中，以及县立的高中。尽管中村修二所受的中小学教育非常普通，但在父亲的影响下，养成了爱动脑和动手的习惯。据比他大两岁的兄长中村康则介绍，小时候，其父经常会出一些数学应用题，让他们兄弟抢答。中村修二后来特别喜欢数学和物理以及兄弟三人和姐姐都选择了理科院系与此不无关联。而且，其父还是个"周末工匠"，休息时喜欢在家里干些焊接和配管之类的工匠活。耳濡目染之下，中村修二也逐渐喜欢上了焊接和配管之类的工匠活，并且乐此不疲。

中村修二 1973 年 4 月考入四国岛上的一所普通国立大学——德岛大学。尽管他当初很想填报理学院物理学系，但出于就业方面的考虑，他最终还是选择了热门的工学院电子工程学系。由于大学头两年只能修读一些通识类和基础类课程，讨厌死记硬背的中村修二并没有感受到太多的学习乐趣。自从大学三年级时，在电子物性工学课上了解到所有材料的物理特性都可以用电子物性理论来进行解释之后，原本想学物理的中村修二重新燃起了希望，决定进入多田修教授的实验室开展材料物性研究。1977年3月本科毕业后,他又决定留在多田研究室继续从事半导性钛酸钡的物性研究。由于多田认为使用从市面上购买来的通用实验仪器设备开展研究很难做出重要的发现,主张实验所需的重要仪器设备尽可能地自行设计制作,以致学习物性理论的中村不得不自己动手进行电气焊接以及使用机床加工所需要的零部件。尽管中村当时并非十分愿意这么做,但在多田实验室练就的本领却为他后来的成功奠定了非常重要的基础。

早在硕士一年级期间,中村修二就与德岛大学教育学院毕业的一名当地的本科女同学结了婚。当时,中村只有23岁,妻子已在德岛大学附属幼儿园就职。硕士二年级期间,妻子为他生了一个可爱的女儿。在这种情况下,中村修二不得不考虑留在德岛发展。德岛出生的多田教授对中村的这项选择表示了理解,并将其推荐给了自己的同乡好友——日亚化学工业公司总裁小川信雄。日亚是一家总部坐落在德岛县阿南市的小型家族企业,创立于1956年,主要生产显像管和日光灯用荧光材料,1979年的年销售额在30亿日元左右。尽管当时的员工数不超过200人,且大多是当地的农家子弟,但它却是日本最大的荧光材料生产厂家。

二、蓝色发光二极管选题的确立经纬

1979年4月,也就是在第二次石油危机爆发后不久,中村修二正式加入日亚化学工业公司,成了该公司第一个学电子工程出身的员工,并被安排到了主要从事新产品开发的开发科。虽说是开发科，实际上除科长外，只有两名全职研究开发人员。当时，主要生产化工材料的日亚化学工业公司正在思考如何拓展经营范围。产品销售部门提供的信息表明，发光半导体材料市场前景很大，日亚化学工业公司可以从制备红色发光二极管用磷化镓（GaP）多晶体入手，逐步扩展产品线。这样，如何制备磷化镓多晶体便成了开发科的主要研究课题。由于中村到开发科才一个多月，除协助同事做些金属镓的精炼工作外并没有其他任务，所以这项工作最终落到了中村的头上。

当初进日亚化学工业公司时，中村并没有想到自己可以从事与材料物性有关的研究，因此当接到磷化镓多晶体研制任务后，感到非常兴奋。但他启动研究后发现，在日亚这样的化学公司研制磷化镓多晶体需要解决的难题实在是太多了。首先，磷和镓只有在真空和高温条件下才会发生反应；其次，研究经费有限，制备磷化镓多晶体所需的装置必须自制。实际上，即使研究经费充足，为防止技术参数等研发信息外泄，公司也不主张外购。结果，中村只能发挥学生时代习得的本领，自制两温区电热炉等实验设备。由于反应室必须使用价格昂贵的耐高温石英管制作，为节约经费，中村只好将用过的石英管再加以回收利用，以致用氢氧燃烧器一段一段地焊接起来的石英管常常因抗不住磷气化后所产生的高压而发生爆炸。经过不断的探索，中村在进入日亚化学工业公司后的第三年，终于掌握了制备磷化镓多晶体的技术诀窍。不过，这种产品1982年正式投放市场后，并没有达到预期效果。

1982年，中村又根据销售部门的建议，开始研制另一种含镓的化合物半导体材料——砷化镓（GaAs）结晶。这种结晶主要用于制作砷化铝镓（GaAlAs）外延生长基板以及红外发光二极管。尽管制备砷化镓多晶体和制备磷化镓多晶体使用的都是水平布里奇曼法，但砷和镓的反应温度要比磷和镓的高 200 摄氏度，也就是说，高温区的温度必须达到 1200 摄氏度。这样，不仅需要对先前制作的实验装置进行改进，而且还要更加注意防范石英管发生爆裂。在不断试错之后，中村总算掌握了砷和镓两种原料的配比以及各自最佳温控值，并解决了石英管爆裂等问题。之后，中村使用自制的水平布里奇曼法装置制备砷化镓单晶体也取得了成功。可惜的是，砷化镓结晶投放市场后，销售额同样没有达到预期目标。但是，中村对石英管一次又一次地进行焊接密封的操作，练就了一手无与伦比的绝活。这对他后来的氮化镓结晶研究帮助甚大。

1985 年，日亚化学工业公司在与众多砷化镓用户交流时逐渐意识到，砷化铝镓单晶体薄膜即砷化镓和砷化铝混晶薄膜，更有市场前景，于是决定研制砷化铝镓单晶体薄膜。研制混晶薄膜意味着现有的水平布里奇曼法装置已无用武之地，必须订购或研制新的装置。当时，制备混晶薄膜多采用液相外延生长法。问题是液相外延生长装置虽然可以订购，但交货周期长达一年，而且价格昂贵，于是日亚化学工业公司决定组织力量，自行研制。在中村等人的努力下，液相外延生长装置只花了半年时间便大功告成。

使用液相外延生长装置制备砷化铝镓单晶体薄膜时，需要做大量实验才能逐步摸清溶液组成、加热温度、与基板接触时间的最佳值。而且，薄膜制成之后，还需要对其进行霍尔效应检测。薄膜检测设备当然也得自行研制。可是，当中村等人将历尽千辛万苦才制备出来的砷化铝镓单晶体薄膜交给客户时，客户却反馈说用这种薄膜制成的发光二极管性能不够理想。这使中村意识到，若不掌握将单晶体薄膜进一步加工成发光二极管的技术，很难开发出理想的砷化铝镓单晶体薄膜。因此，他说服小川总裁添置了一批加工和检测发光二极管的设备，并于1988年成功地解决了制备高质量的砷化铝镓单晶体薄膜以及使用其制作红外或红色发光二极管等技术难题。

尽管中村修二进入日亚化学工业公司的最初9年，先后开发出了3种含镓化合物——磷化镓、砷化镓和砷化铝镓半导体材料，但它们对日亚化学工业公司销售额的贡献并不大。对于公司研发人员来讲，产品开发出来后，若销路不好，很难获得公司的好评。问题是，在小公司开发新产品，即使起步比较早，也难保不被大公司迎头赶上乃至全面超越。因此，小公司开发绝对不能跟风、模仿，必须另辟蹊径、独树一帜。只有干大公司不愿干、不会干、没有干的苦活，小公司才有可能开辟出一片属于自己的发展空间。这意味着小公司的研发人员不能只做销售部门的应声虫，不能跟在其他企业后面亦步亦趋，而应根据技术发展的大势明确地做出自己的判断。

基于上述认识，中村认为日亚化学工业公司有必要启动蓝色发光二极管研究。因为蓝色发光二极管的应用前景广阔、市场规模庞大。还有就是，在研制磷化镓多晶体、砷化镓单晶体、砷化铝镓红色发光二极管过程中，日亚化学工业公司在开发含镓化合物半导体二极管方面已形成了一定的技术积累。问题是要不要打破常规，越级汇报。经过一番思想挣扎之后，中村直接向小川信雄总裁表达了日亚化学工业公司接下来有必要研制蓝色发光二极管的看法。令中村感到意外的是，小川总裁当即表示同意，并答应为此项目提供 3 亿日元研发经费。这在年销售额不到 200 亿日元的 1988 年称得上是一笔巨额投入。

三、决定用 MOVPE 法制备氮化镓薄膜

1988 年前后，有望被用来制作蓝色发光二极管的化合物半导体材料主要有 3 种：碳化硅、硒化锌和氮化镓。德国西门子股份公司和日本三洋公司虽然很早就使用碳化硅制成了蓝色发光二极管，但一直无法解决发光效率过低的难题。1988 年初，日本东京工业大学和日本东京大学使用硒化锌制成了一些蓝色发光二极管样品，但发光效率仍然不高，而且寿命很短。美国 RCA 公司、法国 LEP 公司和日本松下技术研究所虽然很早就尝试着使用氮化镓研制蓝色发光二极管，但一直进展不大，以致当时仍然坚持研制氮化镓蓝色发光二极管的几乎只剩下由松下技术研究所转到名古屋大学的赤崎勇等少数人。

由于碳化硅属于间接迁移型半导体，不适合制作高亮度蓝色发光二极管，故中村修二一开始就将其排除掉了。问题是，不论是硒化锌，还是氮化镓，加热后都像樟脑丸一样直接气化，无法使用现有的液相外延生长装置制备其单晶体薄膜。这意味着，如果使用可反应形成硒化锌或氮化镓的气体来生成其单晶体薄膜，必须订购或研制气相外延生长装置。当时，气相外延生长主要有两种方式：一是分子束气相外延生长（MBE）法；二是金属有机化合物气相外

延生长（MOVPE）法。MBE 法外延生长效率太低，而且装置价格昂贵，用来在研究室里做些实验还可以，用于工业化生产显然不合适。这样，可供中村选择的方法实际上只有一种，即 MOVPE 法。这种方法对中村来讲，无疑是一个需要从头开始学习的全新领域。

恰巧，德岛大学的酒井士郎副教授此前访问日亚化学工业公司时提过，气相外延生长法比液相外延生长法更适合制作化合物半导体薄膜。他将接受邀请赴美国佛罗里达州立大学工学院开展 MOVPE 法研究。如果日亚化学工业公司觉得有必要，可以派遣一人同自己一道去佛罗里达州立大学。日亚化学工业公司认为这是一个非常难得的学习机会，于是开始考察适合派遣到美国的人选。最终，中村得以脱颖而出，以日亚化学工业公司派遣的方式于 1988 年 4 月赴佛罗里达州立大学工学院学习一年。与此同时，日亚化学工业公司在酒井士郎的指导下向美国有关厂家发出了购置 MOVPE 装置及其相关设备的订单，并开始在新落成的研发大楼里筹建 MOVPE 实验室。

中村修二以研制砷化镓红外 LED 为名赴美国学习 MOVPE 法时，因没有获得过博士学位也没有发表过学术论文，遇到了很多困难。对年龄快满 35 岁的他来讲，没有受到应有的尊重倒是次要的，最令他烦恼的是，实验室的 MOVPE 装置已各有其主，唯一一台没有被占用的还被拆解得面目全非。在这种情况下，中村只好以这些零部件为基础，自行搭建 MOVPE 装置。结果，来美国后的最初 9 个月，中村大多数时候都在从事焊接、配管之类的作业。

在搭建 MOVPE 装置期间，中村还使用实验室里的液相外延生长装置开展了若干研究，并尝试着写了一篇研究论文。这是他硕士毕业后写的第一篇论文。而且，他还破天荒地参加了一些学会活动，积累了和学界打交道的经验。在此过程中，中村看到了自己的优势，增强了开展实验研究的自信。因为和他同在一个实验室的众多拥有博士学位的留学生，不仅连电热炉之类简单的实验设备都不会制作，甚至在实验设备出现故障时都不知道如何检查、修理。这些留学生做实验时遇到很小的挫折就说行不通，进而放弃当初的研究计划。在中村看来，和这些动手能力不强的留学生相比，自己理应有更大的作为。但是，当他搭建好 MOVPE 装置，在美国的时间只剩下 3 个月了。因此，他如饥似渴地使用磷化镓和砷化镓做了十余次气相外延生长薄膜实验。尽管没有来得及做更多的实验，但在搭建 MOVPE 装置过程中积累的经验对其后来改造外购的 MOVPE 装置、研制氮化镓薄膜产生了非常重要的影响。

在美国访问、学习期间，中村就开始思考究竟是优先选择硒化锌还是氮化镓来制作蓝色发光二极管。他在参加学术会议时发现，大多数学者认为使用硒化锌制作蓝色发光二极管更有前途，而仍在执着地使用氮化镓来研制蓝色发光二极管的学者为数极少。其中一个非常重要的原因是，找不到一个适合用来外延生长氮化镓单晶体薄膜的基板，或叫作衬底。用外延生长法沉积制作单晶体薄膜时，基板的原子间隔，即晶格大小最好能与半导体结晶材料的晶格大小一致，晶格大小相差越大，沉积出来的半导体结晶薄膜中的晶格缺陷越多，就像在高尔夫球或网球上堆乒乓球比在乒乓球上堆乒乓球更难堆齐一样。由于氮化镓的反应温度超过 1000 摄氏度，而且反应气体之一氨具有很强的腐蚀性，因此，当时只能选用碳化硅或氧化铝（蓝宝石）为基板。可是，碳化硅、蓝宝石与氮化镓的晶格常数相差 5% 乃至 15%，以致人们长期无法解决氮化镓结晶薄膜晶格缺陷过多的难题。而使用砷化镓基板制作硒化锌结晶薄膜，晶格缺陷要少很多。

但是，中村在回国之前决定采用氮化镓制作蓝色发光二极管。因为过去的经验告诉他，如果跟在别人后面亦步亦趋，即使掌握了使用硒化锌制作蓝色发光二极管技术，也很难绕开众多学者先前发明的专利，更何况美国和日本的一些大公司已经涉足这个领域，以日亚化学工业公司的实力根本拼不过他们。而氮化镓蓝色发光二极管则不然，众多欧美公司已从这一领域撤退，目前仍在从事这项技术开发的基本上只剩下名古屋大学的赤崎勇教授。尽管中村本人没有提及，实际上赤崎勇团队 1985 年使用 MOVPE 法制备氮化镓单晶体薄膜取得了突破，以及该团队令人意外地选择和一个从未涉足过化合物半导体研究领域的丰田合成化学公司联合开发蓝色发光二极管一事，不可避免地影响到了中村当时的选择。

简言之，对当年在产品营销上被大公司击败的教训记忆犹新的中村坚持走自己的路，最终选择了当时不被人看好的氮化镓来研制蓝色发光二极管。

四、高质量氮化镓单晶体薄膜的研制

1989 年 3 月，中村修二从佛罗里达州立大学回国后不久，日亚化学工业公司在美国订购的 MOVPE 装置就到货了。在公司安排的数名研究助手的协作下，中村开始安装、调试这套高 2 米、长 4 米、宽 1 米的大型装置。为订购这套装置，日亚化学工业公司花掉了近 2 亿日元。这在日亚化学工业公司的历史上是前所未有的。此举对中村的研究构成的压力可想而知。尽管本月小川信雄已退居二线，公司总裁已由其女婿小川英治接任，但因研制蓝色发光二极管是他们当年在担任正、副总裁时共同做出的决定，故中村在研究经费一事上并没有受到任何掣肘。

　　安装、调试完毕之后，中村便开始使用这套装置试制氮化镓单晶体薄膜。在装置允许的限度范围内试制三个多月后，中村仍没有取得任何进展。其实，这并不奇怪。如果使用现成的装置就能制成氮化镓单晶体薄膜，那么氮化镓蓝色发光二极管的研制也就不会成为世界性的难题了，更何况这套装置当初还是按照研制砷化镓红外发光二极管的要求定制的。这意味着必须对订购的 MOVPE 装置进行改造。如果是提出技术要求由专业公司来改造，一个来回至少要花三个月的时间。这显然是中村不能接受的。由于此前已练就一手焊接石英管、改造配管的绝活，而且还亲手搭建过 MOVPE 装置，故中村决定自己动手改造 MOVPE 装置。

　　在中村之前研制氮化镓单晶体薄膜的团队都使用高频电磁场给反应室中的基座加热。由于这种情况下金属线圈绕在反应室周围不接触里面的反应气体，所以无须解决反应气体引起的腐蚀问题。但这样会导致另外一个问题，即反应室及其内部的配管、喷嘴等不能使用容易在磁场中发热的金属材料制作。由于配管和喷嘴只能使用石英之类材料制作，故要根据成膜条件改变配管方式和喷嘴结构非常困难，以致试制氮化镓单晶体薄膜时受到很多限制，而且这类装置也很难满足工业化生产的苛刻需求。

中村经过一番思考后，决定采用电阻丝加热器加热。使用气相外延生长法制作氮化镓单晶体薄膜时，反应气体通常选用的是三甲基镓（TMGa）和氨，运载气体选用的是氮气或（和）氢气。由于氨具有强腐蚀性，致使安装在基板下的电阻丝加热器在高温条件下很容易受到腐蚀而断路。电阻丝加热器在高温、强腐蚀情况下的断路难题看似很小，实际上耗费了中村很多时间。如同哈伯·博施当年很巧妙地解决了合成氨反应室中的金属内壁遭腐蚀发生爆炸问题一样，中村最终很好地解决了加热器的断路难题。日亚化学工业公司没有为这项技术申请专利，而是将其作为技术诀窍严加保密。

除加热器外，中村还根据制备氮化镓单晶体薄膜的需要对反应室中的配管和喷嘴等进行了一系列改造。1990年元旦前后，中村几乎每天上午都在干些打开真空容器、取出零部件、弯曲金属管道、重新配置线路、焊接石英管、改变喷嘴形状、调整喷嘴高度和角度之类的技术活，下午则使用刚进行过改造的装置试制氮化镓单晶体薄膜，晚上回家后则在思考明天上午如何进一步改造装置以制备出氮化镓单晶体薄膜。经历过无数次失败之后，中村终于在1990年2月产生了灵感。

以单气流的方式，即将反应气体和运载气体同时由水平方向喷向基板上方时，气体会在高温基板上方形成对流，因而无法在基板上沉积出高质量的薄膜。所以，必须改变气流的喷入方式，否则很难克服对流的干扰。1990年8月27日的实验记录表明，中村尝试着进行了 4 种喷气方案的实验。之后，中村意识到，如果让反应气体和运载气体由水平方向喷向基板，同时让另一股惰性气体自上而下喷向基板，则有可能起到有效抑制对流的效果。按照这一思路，中村又对实验装置进行了一系列改造，终于于 1990 年 9 月在蓝宝石基板上试制出了氮化镓单晶体薄膜。

中村后来将上述这种制膜方式命名为 Two-Flow MOCVD 法，并于 1990 年 10 月申请了发明专利。由于这项专利的编号为 2628404，故人们将其简称为 404 专利。不过，有研究表明，中村产生的这种双气流制膜想法受到了日本东北大学御子柴宣夫教授的影响。正是因为在参加 1990 年 3 月底召开的日本应用物理学会时听到了御子教授的有关报告，中村才获得了改造 MOVPE 装置的灵感。而且，当时在使用气相外延生长法制作化合物半导体薄膜时，已经有人采用双气流方式。因此，双气流方式本身并没有特别的新颖之处。但是，中村使用 Two-Flow MOCVD 法首次制成氮化镓单晶体薄膜则是无可争议的历史事实。

中村虽然使用 Two-Flow MOCVD 法试制出了氮化镓单晶体薄膜，但它的质量并不高。糟糕的是，进入 10 月后，连这种质量不高的薄膜都再现不了。之后，中村一边改进装置，一边根据自己的经验和直觉调整反应温度和反应时间，终于在 1990 年底掌握了氮化镓单晶体薄膜的再现条件。虽然此后制成的氮化镓单晶体薄膜，晶格缺陷明显减少，电子移动度等指标甚至达到了当时的世界最好水准，但薄膜表面仍凸凹不平。鉴于名古屋大学的赤崎勇团队 1985 年使用氮化铝制作低温缓冲层，成功地在蓝宝石基板上制作出了平面如镜的氮化镓单晶体薄膜，中村决定使用低温缓冲层来解决薄膜表面凸凹不平的问题。不过，不愿意模仿别人的中村并没有选用氮化铝，而是选用了与制作薄膜相同的材料——氮化镓来制作低温缓冲层。一个月后，中村使用同质材料制作低温缓冲层取得了成功，并在此基础上于1991年1月底制备出了质量远高于竞争对手的氮化镓单晶体薄膜。中村当然也为这项两步成膜法技术申请了发明专利。

五、氮化镓P型结晶制造技术的开发

研制出高质量的氮化镓单晶体薄膜之后，还得解决给氮化镓单晶体薄膜掺杂以使其变成P型半导体的难题。因为制作高亮度蓝色发光二极管需要一个由P型半导体薄膜和N型半导体薄膜结合而成的P-N结来实现电光转换。氮化镓的N型结晶并不难制备。因为使用低温缓冲层技术制成的氮化镓单晶体薄膜中不可避免地会含有少量带有电子的杂质，因而呈N型结晶性质。但是，氮化镓的P型结晶必须另行制备。

制备氮化镓P型结晶难度极大，以致在学术界很长一段时期里，氮化镓不适合制作P型结晶成了定论。率先攻克这一难题的是名古屋大学的赤崎勇团队。当时赤崎勇的博士生天野浩在实验过程中意外地发现，使用扫描电镜观测氮化镓掺锌结晶时，该结晶的电阻会明显减小，发光量会显著增大。受到启发后，赤崎勇团队使用低能电子束对氮化镓掺镁结晶进行辐射，于1989年成功地制备出了氮化镓掺镁P型结晶。

使用低能电子束辐射方式制备氮化镓掺镁P型结晶效率太低，

难以满足工业化生产的需求。因此，赤崎勇团队的天野浩曾尝试着使用加热处理的方式来制备氮化镓掺镁 P 型结晶，但没有成功，以致和赤崎勇团队联合研制高亮度蓝色发光二极管的丰田合成化学公司 1991 年推出蓝色发光二极管时采用的仍是 MIS（金属－绝缘层－半导体）结构，而不是 P-N 结型结构。因此，中村在制定 1991 年的研究计划时明确写道：

> 今年的目标：(1) P 型氮化镓膜的生长；(2) P-N 结型蓝色发光二极管的制作。

日亚化学工业公司的氮化镓掺镁 P 型结晶的研制是从再现赤崎勇团队的实验开始的。这项工作主要由中村的研究助手、1989 年入职的妹尾雅之来实施。可是，妹尾使用扫描电子显微镜照射中村使用双气流 MOVPE 法和两步成膜法制成的氮化镓掺镁结晶后，未能再现天野浩当年的实验结果。于是，妹尾于 1991 年 2 月中旬试着改用实验室里的电子束蒸镀电极装置来辐射氮化镓掺镁结晶，没料到竟然于次月获得了氮化镓掺镁 P 型结晶。由于蒸镀电极装置中的氮化镓掺镁结晶试样是在受辐射升温情况下转变为 P 型结晶的，故妹尾等人推断受热有可能是导致试样转化为 P 型结晶的关键。但是，使用这种电极蒸镀装置很难控制电子束的辐射量，故实验结果很不稳定。于是，中村于当年 4 月专门预订了一台电子束辐射装置。在这台装置尚未到货期间，中村的另一名助手岩佐成人 1991 年 9 月在解决氮化镓掺镁结晶与蓝宝石基板因热膨胀系数不同容易发生弯曲变形问题时发现，无须进行电子束辐射，只要将氮化镓掺镁结晶加热到 600 摄氏度左右后进行退火处理，就可以获得 P 型结晶。

继妹尾雅之和岩佐成人的实验研究之后，中村围绕氮化镓掺镁 P 型结晶的形成机理问题做了一系列验证实验，并得出结论：氮化镓掺镁结晶在无氢情况下进行退火处理后就可以转化为 P 型结晶。他在 1992 年发表的论文中给出的解释是：氢原子具有很强的扩散渗透能力，容易与结晶薄膜中的镁或其他掺杂金属原子发生氢化反应，形成中性复合物（或络合物），从而使掺杂结晶的空穴减少、电阻率增大，但用低能电子束进行辐射处理，或在氮气环境下进行退火处理，可以解离氢原子，活化被钝化了的掺杂原子，从而使结晶薄膜的电阻率急速下降，导电性能大幅上升。如果此后再用氨气退火，那么氨气在高温下释放出来的氢又会同结晶中的掺杂金属原子发生氢化反应，致使结晶薄膜的电阻率恢复到高阻态。按照这种解释，赤崎勇团队对掺镁结晶进行加热和退火处理后仍无法获得 P 型结晶与妹尾雅之用低能电子束对掺镁结晶进行辐射后仍无法获得 P 型结晶的原因是一样的，那就是他们都是在有氢环境下进行操作的。问题的关键是要把氨气换成氮气。1991 年底，中村和岩佐成人、妹尾雅之联名为这项氮化镓 P 型结晶的制备技术申请了专利。

用氮气退火的方式制备氮化镓 P 型结晶不仅经济、方便，而且薄膜的均匀性更好，光辐射效率更高。这项技术的发明，为日亚化学工业公司后来工业化生产高效率氮化镓蓝色发光二极管奠定了重要的基础。

六、双异质结蓝色发光二极管正式投产

在妹尾雅之试制出氮化镓 P 型结晶后，中村就开始着手试制 P-N 结型蓝色发光二极管。由于使用双气流 MOVPE 装置制作氮化镓 N 型结晶比较容易，故中村 1991 年 3 月就研制出了 P-N 结型氮化镓蓝色发光二极管。不过，这种二极管通电后发出来的是青紫色的光，而且不是很亮。即便如此，它的性能仍大幅超过了碳化硅蓝色发光二极管。虽说中村当时制作的 P-N 结型氮化镓蓝色发光二极管已达到了世界最高水准，但他研制氮化镓蓝色发光二极管的目的毕竟不是为了写论文，而是要制成产品，抢占市场，因此单项技术突破虽然重要，但更重要的还是把有竞争力的产品尽快推出来。

正当中村为氮化镓蓝色发光二极管的实用化苦苦努力之时，传来了美国 3M 公司使用硒化锌晶体实现了蓝绿色激光器振荡发光的消息。由于并不知道 3M 公司研制的激光器振荡发光时间还不到 1 秒，离实用化要求还差得很远，中村倍感失落。倘若 3M 公司实现了蓝绿色激光器长时间的振荡发光，那就意味着对手跑到自己前面去了，而且把自己远远地甩在了后头。这对中村乃至日亚化学工业公司的刺激都非常大。当时，日亚化学工业公司在蓝色发光二极管这个项目上已投入数以亿计的资金，总裁都已经有点沉不住气了，故不断催促中村尽快把氮化镓蓝色发光二极管推向市场。是现在就把手上的这个技术并不成熟的 P-N 结型氮化镓蓝色发光二极管推出去？还是继续改进，等颜色和亮度指标达到要求后再推出去？若匆忙把不成熟的产品推出去，大公司很有可能会通过逆向工程迅速赶

上甚至超越日亚化学工业公司。权衡利弊得失之后,中村决定顶着压力继续研发,因为他觉得自己有把握在短期内使产品开发跃上一个新的台阶。

当时,摆在中村面前的课题主要有两个:一是调整 P-N 结型氮化镓二极管的发光波长,使其发出蓝光,而不是青紫色的光;二是提高氮化镓二极管的发光效率,使其亮度更高、节能效果更好。这样一来,氮化铟镓(InGaN)结晶和双异质结的制备便成了中村团队 1992 年的研究重点。

氮化铟镓是在氮化镓中添加同族元素铟制成的一种化合物。通常,氮化镓结晶通电后发紫外光,氮化铟结晶通电后发红光。因此,从理论上讲,人们可以通过往氮化镓中添加不同量的铟来制备蓝色发光晶体。往氮化镓中添加的铟越多,其结晶发出的光越接近红色;添加的铟越少,其结晶发出的光就越接近紫外。关键是加铟量的控制和掺杂结晶薄膜的生长。这样一来,中村此前研制的双气流 MOVPE 装置又有了新的用武之地。1992 年 3 月至 4 月间,日亚化学工业公司又投入巨资增设了两台双气流 MOVPE 装置,并进一步扩充了蓝色发光二极管的研制队伍。与双气流 MOVPE 装置格斗好几个月后,中村团队使用气相外延生长法终于试制出了氮化铟镓结晶薄膜。

掌握了氮化铟镓结晶薄膜的制备技术之后,中村便率领年轻的助手们向双异质结发起冲击。采用传统的发光二极管结构时,给 P-N 结加载正向偏压后,注入的电子并非都能实现与空穴复合发光。由于相当大一部分的电子穿过 P 区,流向正极被浪费了,所以单

P-N 结发光效率不高。如果将这个 P-N 结发光层夹在能隙大于自己的半导体层之中，即采用双异质结，如 N-P-N 结构，便可将电子锁在发光层中，这样，电子在发光层中的复合概率便会相应地得到提高。1992 年 9 月，中村等人使用双气流 MOVPE 装置以及刚刚掌握的氮化铟镓结晶薄膜制备技术终于试制出了氮化镓/氮化铟镓双异质结发光二极管。尽管这是一个里程碑式的试制品，但其亮度仍然有限，而且发出的是青紫色光，尚需进一步完善。

为获得更为明亮的蓝光，中村团队紧接着又围绕给氮化铟镓结晶掺杂的问题展开了一系列的实验，并于 1992 年底试制出了人眼可见亮度提高了 4 倍、波长扩大到 450 纳米的双异质结发光二极管。1993 年 2 月，助手长滨慎一又根据中村的建议将锌和硅掺进氮化铟镓，获得了比只掺锌要亮数十倍的氮化铟镓掺杂结晶。使用这种结晶制作的双异质结发光二极管亮度有了显著的提升。

在双异质结发光二极管的亮度突飞猛进的时候，日亚化学工业公司就开始紧锣密鼓地准备组织生产了。1992 年 11 月，日亚化学工业公司将从松下电工公司退休的小林义知博士聘为半导体研究部门的顾问。1993 年 2 月，日亚化学工业公司又将日本最大的发光二极管生产商史丹利电工公司的小山稔副所长请过来担任总工程师，负责组织实施蓝色发光二极管的工业化生产。根据小林的指示，中村等人使用日亚化学工业公司特有的双气流 MOVPE 装置，只花了一个月不到的时间，也即在 1993 年 3 月底就将二极管的发光波长扩大到属于蓝光范围的 460 纳米，亮度进一步提高到 2 月初的 20 倍。于是，日亚化学工业公司决定自 4 月 1 日起成立"N 项目组"，负责蓝色发光二极管的工业化生产。

"N 项目组"最初只有 17 人，但到 1993 年 7 月份，人员便增加到 40 人，其中有好几个人是从日本大公司招聘过来的设计制造经验丰富的技术骨干。在"N 项目组"启动后的半年里，通过进一步调整结晶薄膜的外延生长条件，逐步提高结晶质量，中村团队研制的双异质结蓝色发光二极管在 1993 年 10 月亮度达到了 1 尼特。这个数值是美国科锐公司当时生产销售的碳化硅蓝色发光二极管的 100 倍。1993 年 11 月 30 日，日亚化学工业公司召开产品发布会，正式宣布高效率蓝色发光二极管开始投产，并即日起对外销售。

21 年后的 2014 年 12 月 10 日（当地时间），中村修二因"发明高效率蓝色 LED，带来节能明亮的白色光源"而成功登上设在斯德哥尔摩音乐厅的诺贝尔物理学奖领奖台，在科技史中书写了一篇小型家族企业的研发人员取得诺贝尔奖级重大科技突破的新篇章。

七、研制蓝光 LED 取得成功的要因分析

从上述考察中可以看出，中村修二中小学时期并没有受过精英教育，而且本科和硕士阶段都是在经济不甚发达的四国岛上的一所普通国立大学中度过，但他却取得了诺贝尔奖级的科技突破。由此看来，杰出科技人才的成长，尤其是实验研究能手型科技人才的成长与其早期所受的正规课程教育关系并不是很大。值得注意的是，2002 年获得诺贝尔化学奖的田中耕一也是在普通中小学接受的教育，而且还是一名留过级的木科毕业生。荣获 2008 年诺贝尔化学奖的下村修更加特别，不仅在中小学阶段没有接受过很好的教育，而

且中学毕业后只在长崎上过三年专科学校。因此，不能把这些人的成功简单地归因于早期在学校所受的正规课程教育。学校的课程教育对杰出人才成长的重要性固然不容低估，但影响杰出人才成长的绝不仅仅是学校的课程教育。读研期间接受的实验训练、毕业后经受的研究历练以及自身的不懈努力有时会显得更为重要。那么，中村修二取得成功的主要原因究竟何在？

笔者认为，自行改造乃至设计制作重要实验装置是中村修二得以率先研制出氮化镓基高效率蓝色发光二极管的关键。

因受父亲的影响，中村修二从小就喜欢动手干些工匠活。在德岛大学学习期间，他又遇到了一位反对完全依赖通用仪器设备开展实验研究的导师，因此开展研究时只得自行设计制作一些实验仪器设备。这样一来，中村在学生时代就已基本掌握了电气焊接和机械加工等技能。这为其就职后开展实验研究打下了非常重要的基础。

进入日亚化学工业公司的最初 9 年，中村修二应销售部门的提议先后开发出了 3 个产品：磷化镓、砷化镓和砷化铝镓。无论是试制磷化镓和砷化镓所需的水平布里奇曼法装置，还是试制砷化铝镓所需的液相外延生长法装置，都是直接由中村或者是在他的带领下研制出来的。在试制磷化镓和砷化镓过程中，为了节约研究经费，中村经常使用焊接设备将已经使用过的石英管拼接起来继续使用，从而练就了一手高质量地焊接石英管的绝技。这对其后来改造气相外延生长装置，研制氮化镓半导体薄膜帮助很大。

1988 年，中村修二赴佛罗里达州立大学学习金属化合物气相外延生长法时，由于学历和地位不高，不得不使用闲置的零部件自行搭建金属化合物气相外延生长装置。这样一来,在美国的最初 9 个月几乎和他在日亚化学工业公司的最初 9 年一样,大多数时候都在从事焊接、配管等作业。如果没有经历这段时间的磨炼,很难想象,他返回日亚化学工业公司后敢对花巨款从美国进口的金属化合物气相外延生长装置进行随心所欲的改造。

在佛罗里达州立大学进修期间,中村修二就已决定迎难而上,使用氮化镓来试制蓝色发光二极管。由于没有现成的生长氮化镓之类半导体薄膜用的金属化合物气相外延生长装置,所以日亚化学工业公司只能从美国订购了一套主要用于生长砷化镓半导体薄膜的金属化合物气相外延生长装置。使用这套进口装置试制氮化镓半导体薄膜不可避免地会遇到很多困难。

首先遇到的难题是,使用线圈在反应室外部加热时,反应室内的配管和喷嘴只能用石英之类非金属制作,因此不便调整。采用电阻丝加热器在反应室内加热时,电阻丝很容易受到氨的腐蚀,从而发生断路。这个难题后来被"工匠出身"的中村非常巧妙地解决了。这项改进意义重大,因为此后反应室内的配管和喷嘴便可以使用金属材料来加工制作,因而配管的走向和喷嘴的形状可以根据需要随时加以改变。

其次遇到的难题是,以单气流的方式将氮化镓反应气体和运载气体一并喷向基板上方时,气体会在高温基板上方形成对流,因而难以在基板上沉积出高质量的半导体薄膜。中村受日本学界的研究启发,觉得让反应气体和运载气体由水平方向喷向基板,同时让另一股惰性气体自上而下喷向基板,有可能会起到有效抑制对流的效果。按照这一思路，中村又对实验装置进行了一系列改造，并于 1990 年在蓝宝石基板上试制出了氮化镓单晶体薄膜。

正是因为在不断试错的基础上于 1990 年研制出了上述这种加热器放置在反应室内的双气流式金属化合物气相外延生长装置，中村才能在比较短的时间内试制出一批制备高效率蓝色发光二极管所需的半导体材料或器件。譬如，使用上述这种特殊装置，中村用氮化镓作低温缓冲层于 1991 年初试制出了质量远高于竞争对手的氮化镓单晶体薄膜。而这种两步成膜的思路是由赤崎勇率先提出的，不仅如此，赤崎勇还让研究生使用氮化镓作低温缓冲层试制过氮化镓单晶体薄膜，只是因为没有合适的装置，未能取得成功。

上述这种双气流式特殊装置，也为中村修二开展氮化镓掺杂研究带来了很多便利。实际上，中村早在 1991 年 3 月就已试制出了 P-N 结型氮化镓发光二极管，只是这种二极管通电后发出来的光是青紫色的，而且不是很亮。为此，中村团队尝试着在氮化镓中添加少许铟，以改变发光波长。使用上述双气流式特殊装置，中村团队很快就掌握了能发蓝光的氮化铟镓结晶薄膜的制备诀窍。

此后，中村团队又开始向双异质结发起冲击，因为采用双异质结，可以提高电子在发光层中的复合概率，从而提高发光效率。使用上述双气流式特殊装置和刚刚掌握的氮化铟镓结晶薄膜制备技术，中村团队又成功地试制出了氮化镓/氮化铟镓双异质结发光二极管。之后，又通过给氮化铟镓掺少许锌和硅，获得了发光亮度更高的氮化铟镓掺杂结晶。1993 年 3 月，中村团队又进一步将双异质结发光二极管的发光波长调整到蓝光范围，并大幅提高了其亮度，为当年正式投产氮化镓基双异质结型高效率蓝色发光二极管奠定了基础。

总之，如果没有双气流式金属化合物气相外延生长装置，很难想象中村修二团队在 1993 年就能实现高效率蓝色发光二极管的批量生产。换言之，正是因为中村能够设计制作出全球唯一的先进实验装置，他的团队才能率先开发出全球第一个高效率蓝色发光二极管。

毫无疑问，导致中村修二团队率先开发出高效率蓝色发光二极管的原因还有很多。譬如，妹尾雅之和岩佐成人的意外发现为中村团队发明用氮气退火方式制备氮化镓 P 型结晶的方法创造了重要的条件。正是因为掌握了这项技术，批量生产高效率氮化镓蓝色发光二极管才成为可能。但是囿于篇幅，这些成功要因容日后另文分析。

八、结语

在科学日益技术化、技术日益科学化的今日，自行改造或设计制作实验装置，确保其先进性和唯一性，在一些情况下已成为开拓研究领域、催生源头创新、推动前沿突破的前提条件之一。使用别人已经使用过的实验装置开展研究，无异于跟在先行者后面去海边拾贝壳，虽然偶尔也能够获得一些意外的发现，拾得几个漂亮的贝壳，但是拾得漂亮贝壳的概率要远小于先行者。因此，对于从事实验研究的科研人员来讲，没有什么事情比率先获得最先进的实验装置更令人高兴的了。但是，最先进的实验装置靠金钱是很难买得到的，即使买得到，也需要花费很多时间进行调试。所以，能否自行改造或设计制作研究所需的实验装置，对那些希望在重要科技领域作出原始性创新贡献的科研人员来讲，尤为重要。为此，高等院校乃至中小学都有必要把动手能力、工匠精神和创新意识的培养放到更加突出的位置。

（作者：周　程）

参考资料

维格纳　20 世纪顶尖数学物理学家

[1] Arthur S. Wightman, Jagdish Mebra eds. The Collected Works of Eugene Paul Wigner[C]. Berlin: Springer Verlag. Part A, The Scientific Papers. Vol. Ⅰ (1993), Vol. Ⅱ(1996), Vol. Ⅴ(1992). Part B, The Historical, Philosophical, and Socio-Political Papers. Vol. Ⅵ(1995).

[2] Eugene P. Wigner. Symmetries and Reflections, Scientific Esays[C]. Bloomington: Indiana University Press, 1967.

[3] Eugene P. Wigner. Gruppentheorie und ibre Anwendung auf die Quantenmechanik der Atomspektren[M]. Braunschweig: Vieweg, 1931. 英译本: Group Theory and its Applications to the Quantum Mechanics of Atomic Spectra[M]. New York: Academie Press, 1959.

[4] Andrew Szanton. The Recollections of Eugene P. Wigner as told to Andrew Szanton[M]. New York: Plenum Press, 1992.

[5] Erich Vogt. Eugene Paul Wigner: Atowering figure of modern physics[J]. Physics Today, 1995, 48（12）:40-44.

[6] David J. Gross. Symmetry in Physics: Wigner's Legacy[J]. Physics Today, 1995, 48（12）:46-50.

[7] Blunberg, Stanley A and Gwinu Owens. The Life and Times of Edward Teller [M]. New York: G. P. Putman's Sons, 1976.

[8] Asim Q. Barut, Alwgn van der Merwe, Jean-Pierre Vigier eds. Quantum, Space and Time The Quest Continues, Studies, Essays in Honour of Louis de Broglie, Paul Dirac and Eugene Wigner[C]. Cambridge: Cambridge University Press,

1984.

伽莫夫　给人类带来新思想的人

[1] George Gamow. My World Line— An Informal Autobiography [M]. New York: Viking Press, 1970.

[2] George Gamow. The Creation of the Universe [M]. New York: Viking Press, 1952.

[3] R. A. Alpher, H. Bethe, G. Gamow. The Origin of Chemical Elements [J]. Phys. Rev. , 1948, 73: 803.

[4] W. Yourgran. The Cosmos of George Gamow [J]. New Scientist, 1970, 58: 38-39.

[5] R. A. Alpher. Large Number Cosmology and Gamow [J]. American Scientist, 1973, 61: 52-58.

[6] F. Reines ed. Cosmology, Fusion and Other Matters: A Memorial to George Gamow [C]. Boulder: Colorado Associated University Press, 1972.

豪特曼斯　传奇的德国科学家

[1] R. d' E. Atkinso. F. Houtermans [J]. Z. Phys, 54 (1929), 656.

[2] 罗伯特·容克. 比一千个太阳还亮 [M]. 钟毅, 何纬, 译. 北京: 原子能出版社, 1991.

[3] 约斯特·赫尔比希. 原子物理学家的戏剧 [M]. 任立, 张鲁迪, 叶翔, 译. 北京: 原子能出版社, 1983.

[4] R. Rhodes. The Making of the Atomic Bomb [M]. New York: Simon and Schuster, 1986.

[5] A. S. Weissberg. The Accused [M]. New York: Simon and Schuster, 1986.

[6] D. C. Cassidy. Uncertainty, The Life and Science of Werner Heisenberg [M]. New York: W. H. Freeman and Company, 1992.

弗里什 物理学界的能工巧匠

[1] Sir Rudolf Peierls. Otto Robert Frisch [J]. Biographical Memoirs of Fellows of the Royal Society, Vol. 27, November 1981: 283-306.
[2] Otto R. Frisch. What Little I Remember [M]. Cambridge: Cambridge University Press, 1979.
[3] Niels Bohr. Collected Works [C]. Vol. 9. Copenhagen: North-Holland Publ. Co., 1986.
[4] Rudolf Peierls. Bird of Passage [M]. Princeton: Princeton University Press, 1985.

奈尔 科学家和科研产业联合体带头人

[1] L. Néel. Un siècle de physique [M]. Paris: Edition Odile Jacob, 1991: 9-38.
[2] 宋德生, 李国栋. 电磁学发展史 [M]. 桂林: 广西人民出版社, 1987.
[3] L. Néel. Propriétés magnétiques du manganèse et du chrome en solution solide étendue [J]. J. Phys. Rad., 1932 (3): 160-171.
[4] L. Néel, Propriétés magnétiques de I' état métalliques at énergie d' interaction entre atomes magnétiques [J]. Ann. de Phys., 1936 (5): 232-279.
[5] M. Fallot. L' Istitut Polytechnique de Grenobel [J]. Rovue de L' Enseignement Supérieur, 1957 (1): 53-62.
[6] D. Pestre. Louis Néel: Un entrepreneur des Sciences [J]. La Recherche, 1991 (12): 1432-1440.

钱德拉塞卡 与美偕行的科学巨匠

[1] 彭加勒. 科学的价值[M]. 李醒民,译. 北京:光明日报出版社,1988.

[2] 钱德拉塞卡. 莎士比亚、牛顿和贝多芬——不同的创造模式[M]. 杨建邺,王晓明,等译. 长沙:湖南科学技术出版社,1996.

[3] 瓦利.孤独的科学之路——钱德拉塞卡传[M]. 何妙福,傅承启,译. 上海:上海科技教育出版社,2006.

[4] Hans A. Bethe. Subrahmanyan Chandrasekhar(1910-1995)[J]. Nature,1995,377(10):12.

[5] Freeman Dyson. The Death of a Star[J]. Nature,2005,438,December.

[6] Thanu Padmanabhan. The Dark Side of Astronomy[J]. Nature,2005,435,May.

[7] 肖明. 爱丁顿、钱德拉塞卡关于白矮星的争论及其启示[J]. 大学物理,2004,8.

玻姆 探索量子物理实在性的智者

[1] D. Bohm. The Causality and Chance in Modern Physics[M]. London:Routledge & Kengan Paul,1957.

[2] 玻姆. 现代物理学中的因果性与机遇[M]. 秦克诚,洪定国,译. 北京:商务印书馆,1965.

[3] D. Bohm. The Special Theory of Relativity[M]. New York:W. A. Benjamin,Inc.,1965.

[4] D. Bohm. Wholeness and the Implicate Order[M]. London:Routledge & Kengan Paul,1980.

[5] B. J. Hiley and J. D. Peal ed.. Quantum Implications[C]. London:Routledge,1967.

[6] D. Bohm and F. D. Peat. Science,Order and Creativity[C]. London:Routledge,1989.

[7] D. Bohm & B. J. Hiley. The Undivided Universe [M]. London: Routledge & Kengan Paul, 1992.

中村修二　从技术改造能手到诺贝尔物理学奖得主

[1] 周程. 日本诺贝尔科学奖出现"井喷"对中国的启示[J]. 中国科技论坛, 2016 (12): 128-133.
[2] 周程. 个人兴趣与社会需求共同驱动型科技突破——赤崎勇何以能获得2014年诺贝尔物理学奖[J]. 科学与管理, 2014, 34 (5): 3-9.
[3] S. Nakamura. The Roles of Structural Imperfections in InGaN-Based Blue Light-Emitting Diodes and Laser Diodes[J]. SCIENCE, 1998, 281 (5379): 956-961.
[4] S. Nakamura, S. Pearton, G. Fasol, The Blue Laser Diode: The Complete Story [M]. New York: Springer-Verlag Berlin Heidelberg, 2000.
[5] 中村修二. 怒りのブレイクスルー[M]. 东京: ホーム社, 2001; 东京: 集英社文库, 2014.
[6] 中村修二. ごめん！——青色LED開発者最後の独白[M]. 东京: ダイヤモンド社, 2005.
[7] 赤崎勇. 青い光に魅せられて——青色LED開発物語[M]. 东京: 日本経済新聞出版社, 2013.

人名对照表

（按外文姓氏的首字母排序）

A

阿尔法——R. A. Alpher
阿尔文——H. Alfven
阿登纳——Manfred von Ardenne
阿特金森——Robert Atkinson

B

巴德——W. Badde
巴丁——John Bardeen
巴杨——M. Bayen
贝特——H. Bethe
布莱克特——P. M. S. Blackette
布洛赫——Eugère Bloch
玻姆——David Joseph Bohm
玻尔——N. Bohr
玻耳兹曼——L. Boltzmann
玻恩——M. Born
布隆斯坦——A. Brostein
布哈林——N. Bukharin
巴特拉——H. Buttlar

C

卡西迪——David C. Cassidy
凯莱——Arthur Cayley
查德维克——James Chadwick
钱德拉塞卡——S. Chandrasekhar
科克罗夫特——J. Cockcroft
康顿——Edward Condon
克里克——F. Crick
克里奇菲尔德——C. Critchfield
居里——Pierre Curie
居里夫人——M. Curie

D

狄拉克——P. A. M. Dirac

E

爱丁顿——A. S. Eddington
爱因斯坦——A. Einstein
埃伦费斯特——Paul Ehrenfesot
埃尔萨塞——W. M. Elsasser

F

费利西——N. Feliei

费米——Enrico Fermi

费曼——Richard Feynman

福勒——R. H. Fowler

弗兰克——James Franck

弗朗克——Amelia Zipora Frank

弗里德曼——A. A. Friedmann

弗里什——Otto Robert Frisch

G

加博尔——Dennis Gabor

伽罗瓦——Evariste Galois

伽莫夫——George Gamow

甘斯——Richard Gans

高斯——Karl F. Gauss

革拉赫——W. Gerlach

玛丽·格佩特 – 迈尔——Marie Goeppert-Mayer

吉约——Guillaud

戈内——R. Gurney

H

哈恩——Otto Hahn

哈密尔顿——Donald Hamilton

海森堡——W. Heisenberg

亥姆霍兹——H. von Helmholtz

亨里希——L. Henrich

赫尔曼——R. Herman

赫灵——Conyers Herring

赫维希——Georgede Hevesy

豪特曼斯——Fritz Houtermans

霍依尔——F. Hoyle

哈勃——E. Hubble

I

伊万年科——D. Ivanienko

J

延森——Johannes Hans Deniel Jensen

约里奥——F. Joliot-Curie

琼斯——Thomas D. Jones

约尔当——Pascuel Jordan

K

卡皮查——P. Kapitza

冯·卡门——Theodore von Kármán

开尔文——Kelvin

托马斯·库恩——Thomas S. Kuhn

L

朗道——L. Landau
朗之万——P. Langevin
冯·劳厄——M. T. F. von Laue
勒梅特——G. Lermaitre
李——Sophus Lie
洛伦兹——H. A. Lorentz

M

马赫——E. Mach
马克——Hermann Mark
麦克斯韦——John Clerk Maxwell
迈特纳——Lise Meitner
密立根——R. A. Milikan
莫洛托夫——V. Molotov
莫斯莱——H. Moseley

N

奈尔——Louis Eugère Felix Néel
能斯特——Hermann Walter Nernst
冯·诺伊曼——John von Neumann
牛顿——I. Newton
诺特——Emmy Noether
弗里什·诺特——Fritz Nother

O

奥里凡特——Mark Oliphant
奥本海默——Robert Oppenheimer

P

泡利——W. Pauli
波特——R. Pauthenh
派尔斯爵士——Sir Rudolf Peierls
佩兰——René Perrin
普朗克——Max Plank
庞加莱——H. Poicare
波兰尼——Michael Polanyi
普林舍姆——Peter Pringsheim
普里布拉姆——Karl Przibram
普里高津——Llya Prigogine

R

理查逊——Roger Richardson
罗森菲尔德——L. Rosenfeld
卢瑟福——E. Rutherford

S

萨克斯——Alexander Sachs
森伯格——M. Schöenberg
薛定谔——E. Schrodinger

司各特——Walter Scott
西博格——C. T. Seaburg
赛兹——Frederick Seitz
索末菲——A. Sommerfeld
斯特恩——Otto Stern
西拉德——Leo Szilard

T
泰莱格迪——Valentine Telegdi
泰勒——Edward Teller
汤姆孙——J. J. Thomson
特奥班波格——H. R. von Traubenberg
图夫——M. Tuve

V
范·弗莱克
　　——John Hasbrouch van Vleck

W
沃森——J. Watson
沃尔顿——E. Walton
韦伊——Louis Weil
外斯——Pierre Weiss
维斯伯格——A. Weissberg
魏森伯格——Korrl Weissenberg
魏扎克——Carl von Weizsacker
外尔——Hermann Weyl
惠勒——J. A. Wheeler
维格纳——Eugene Paul Wigner

Y
约尔干——W. Yourgan

Z
塞曼——Pieter Zeeman